电子商务基础

DIANZI SHANGWU JICHU

本书编写组　编

SPM 南方传媒　广东人民出版社

·广州·

图书在版编目（CIP）数据

电子商务基础 / 本书编写组编. —广州：广东人民出版社，2023.8
（2024.8重印）
ISBN 978-7-218-15923-2

Ⅰ.①电…　Ⅱ.①本…　Ⅲ.①电子商务—技术培训—教材
Ⅳ.①F713.36

中国版本图书馆CIP数据核字（2022）第153355号

DIANZI SHANGWU JICHU
电 子 商 务 基 础

本书编写组　编

出 版 人：肖风华

策划编辑：魏　昊
责任编辑：冯光艳　寇　毅
责任技编：吴彦斌
装帧设计：奔流文化

出版发行：广东人民出版社
地　　址：广州市越秀区大沙头四马路 10 号（邮政编码：510199）
电　　话：（020）85716809（总编室）
传　　真：（020）83289585
网　　址：http://www.gdpph.com
印　　刷：广州小明数码印刷有限公司
开　　本：787mm×1092mm　1/16
印　　张：14.5　　字　数：348 千
版　　次：2023 年 8 月第 1 版
印　　次：2024 年 8 月第 2 次印刷
定　　价：38.00 元

如发现印装质量问题，影响阅读，请与出版社（020-87712513）联系调换。
售书热线：020-87717307

《电子商务基础》编委会

前 言

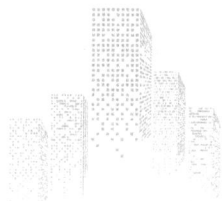

随着互联网的普及和技术的不断进步，电子商务已经成为当今商业活动中的重要组成部分。电子商务的出现极大地改变了传统商业模式，给企业带来了更广阔的发展空间和更多的商机。电子商务相关理论和应用的学习，已经成为中职院校电商类、经济类专业的必修系列课程之一。

《电子商务基础》作为一本介绍电子商务基础知识的教材，编写委员会遵循国家对于中职阶段"岗、课、证、赛"结合的教育指导理念，在开发过程中立足于实际电商工作岗位中的技能运用要求，将相关的知识体系进行细致解读，同时也对电商技能资格证考试所涉及的相关知识点进行了梳理。本书主要分为七章，涵盖了电子商务的基础知识、电子商务的发展历程、电子商务的应用场景、电子商务的技术架构、电子商务的商业模式、电子商务的法律法规以及与电子商务的配套的物流技术和支付技术等方面的内容。我们希望通过本书的介绍，能够帮助读者深入了解电子商务的内涵和外延，掌握电子商务的基本概念和理论，从而更好地应对电子商务带来的机遇和挑战。

最后，感谢所有支持和参与本书编写的人员，包括学术专家团队、企业专家顾问团队以及出版团队，正是由于他们的辛勤努力和付出，使得本书得以顺利出版。我们也希望读者能够在阅读本书的过程中得到足够的收获和启发，为自己的电子商务学习之路打下坚实的基础。

本书主编：吴强辉

2023年3月18日

目录

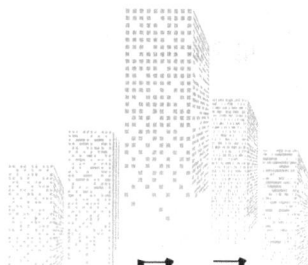

第三章　主流电商平台与农村电商

第四章 认识网络推广方法

第五章 电子支付与结算

第七章　认识电子商务安全与法律法规

第一章

认识电子商务

💻 知识目标

了解电子商务相关知识

了解电子商务技术基础

了解电子商务的发展趋势与历程

💻 能力目标

掌握电子商务的基本概念

掌握电子商务与传统商务的区别

掌握部分互联网技术基础

💻 章节引导

"电子商务"是一个外来词，最早来源于"Electronic Commerce"（E-Commerce，简称EC），国际商业机器公司（IBM）等公司又提出了"Electronic Business"（E-Business，简称EB）、内联网（Intranet）、外联网（Extranet）和电子商务（E-Commerce，简称EC），后来国际商会从商业角度给出了电子商务的定义：电子商务是指对整个贸易活动实现电子化。但迄今为止人们对电子商务的理解尚未统一，不同的组织、企业、学者等都依据自己的理解和需要为电子商务做出了不同的定义。

引导案例

2023年3月2日，中国互联网络信息中心（CNNIC）在京发布第51次《中国互联网络发展状况统计报告》（以下简称《报告》）。《报告》显示，截至2022年12月，我国网民规模达10.67亿，较2021年12月增长3549万，互联网普及率达75.6%。

网民用网环境持续改善，物联网终端增长推动"万物互联"

《报告》显示，在网络基础资源方面，截至2022年12月，我国域名总数达3440万个，IPv6地址数量达67369块/32，较2021年12月增长6.8%；我国IPv6活跃用户数达7.28亿。在信息通信业方面，截至12月，我国5G基站总数达231.2万个，占移动基站总数的21.3%，较2021年12月提高7个百分点。在物联网发展方面，截至12月，我国移动网络的终端连接总数已达35.28亿户，移动物联网连接数达到18.45亿户，万物互联基础不断夯实。

工业互联网体系构建逐步完善，"5G+工业互联网"发展步入快车道

一是工业互联网网络体系建设加速推进，平台构建逐步完善。《报告》显示，工业互联网总体网络架构国家标准正式发布，工业互联网标识解析体系国家顶级节点全面建成，具有影响力的工业互联网平台达到了240个。二是"5G+工业互联网"发展步入快车道。"5G+工业互联网"的发展促进了传统工业技术升级换代的步伐，加速人、机、物全面连接的新型生产方式落地普及，成为推动制造业高端化、智能化、绿色化发展的重要支撑。"5G+工业互联网"发展已进入快车道，一大批国民经济支柱产业开展创新实践，全国"5G+工业互联网"项目超过4000个。

传统领域应用线上化进程加快，推动农村数字化服务发展

《报告》显示，2022年我国互联网应用用户规模基本保持稳定。一是线上办公市场快速发展，吸引更多网民使用。截至12月，我国线上办公用户规模达5.40亿，较2021年12月增长7078万，占网民整体的50.6%。二是互联网医疗规范化水平持续提升，成为2022年用户规模增长最快的应用。互联网医疗领域相关监管政策框架日益完善，引导互联网医疗行业规范化发展。截至12月，我国互联网医疗用户规模达3.63亿，较2021年12月增长6466万，占网民整体的34.0%。三是互联网成为实现乡村振兴重要抓手，推动农村数字化服务发展。在线教育、互联网医疗等数字化服务供给持续加大，促进乡村地区数字化服务提质增效。截至12月，我国农村地区在线教育和互联网医疗用户分别占农村网民整体的31.8%和21.5%，较上年分别增长2.7和4.1个百分点。

案例思考

（1）中国互联网体系逐步完善，对我们的生活有什么影响？

（2）如今各行各业都在"电子商务化"，中国互联网的发展对我国电子商务有什么影响？

知识导读

认识电子商务
- 电子商务基本概念
- 电子商务的技术基础
- 电子商务的发展趋势与历程

第一节 电子商务基本概念

1.1.1 电子商务概述

1. 电子商务的概念

电子商务是指以互联网技术为基础、以产品交易为核心而进行的商务活动。电子商务中的"电子"其实是一种先进技术，而"商务"是最核心的目的，所有的手段都服务于达成交易目的。

在全世界广泛的产品贸易活动中，交易双方在互联网开放的网络环境下，基于线上平台的优势，可以不被地点所束缚地开展各种产品贸易活动，实现消费者线上购物、电商商家之间线上交易和线上电子支付以及各类型金融活动、交易活动和相关的综合服务活动。电子商务有四大要素，分别是：平台店铺、消费者、商品、物流。

电子商务分为广义和狭义的电子商务。

（1）狭义

电子商务（EC）是指通过使用因特网等电子技术在全球范围内进行的商品贸易活动（包括了电话、广播、电视、传真、计算机、移动通信等）。电子商务是基于计算机网络，由产品和服务的生产者、推广者、消费者、中介机构等相关方所进行的各类商品贸易活动。可以简单理解为狭义上的电子商务。

（2）广义

电子商务一词源于Electronic Business，是指通过先进的"电子"手段进行商品贸易事务活动。例如企业商家、供应商、消费者、合作伙伴之间通过使用因特网等电子工具，通过电子业务共享信息，从而实现公司之间业务流程的电子智能化，与公司内部生产管理电子化相配合，有效提高企业生产、库存积压、流通性、资金流等各环节的效率。

区分E-Commerce和E-Business

多数人在谈及电子商务的时候习惯用E-Business这个词，还有很多人在使用时对E-Commerce和E-Business这两个词没有加以区分。其实，这两个词有着不同的内涵和应用。E-Commerce是指通过互联网技术进行的各种商品贸易活动，包括线上展示、洽谈、市场推广、电子支付等，从而促使产品或服务的所有权或使用权的转移，即E-Commerce是交易各方在市场上利用网络进行产品和服务交换的商业活动。

E-Business指的是企业利用现代化信息技术开展的一切商务活动，既包括网上交易，又涵盖企业内部及企业之间的协作与协调，还涉及企业在使用计算机网络方面的各种其他用途。

2. 电子商务概念模型

电子商务概念模型一般是对现实生活中电子商务贸易活动的抽象描述，由电子商务行业实体、电子市场、交易事务和四大基本要素，如信息流、资金流、物流、商流构成，如图1-1所示。

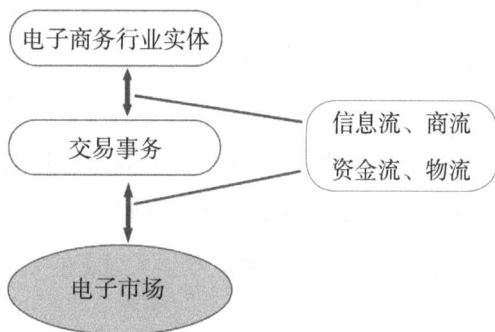

图1-1 电子商务概念模型

在电子商务概念模型中，电子商务行业实体通常是指企业商户、银行、机构认证中心、政府机构、个体商户等从事电子商务行业的客观对象；电子市场是指电子商务实体从事产品商务贸易活动的场所，是各种商务贸易活动中的参与者使用各类设备（例如计算机、移动通信设备等）与互联网连接成一个整体；交易事物是指电子商务实体之间所从事的询价报价、转账支付、广告宣传、商品运输等特定商务活动。

无论是哪一种电子商务的商品贸易交易过程，都包含了商流、资金流、信息流、物流。商流通常是指产品或劳务发生所有权转移的行为，例如提货单、房产证等法律文书的转移。资金流通常是指其资金的转移过程，包括支付、划转、清算、兑换等过程。

电子商务信息流指的是在电子商务活动中，商品或服务的信息通过电子渠道进行传递和交换的过程。它主要包含了以下三类：

（1）产品的售前服务、售后服务所涉及的各类信息内容，其中包含了产品的详细信息的提供、广告营销、售后问题处理信息交互等；

（2）交易过程中的各种贸易单证，如询价单、报价单、付款通知、转账通知、发货通知、收货通知等；

（3）降低交易风险的重要依据，其中包含了交易双方的支付能力与信用，中介机构的信誉度等。

物流运输主要是指产品与服务分销的流动过程，对于大部分实体商品而言，物流仍可能通过传统的物理途径进行，借助实体的设施和设备完成；部分商品和服务可以避免上述线下运输环节，直接通过线上传输来完成物流运输，例如线上音乐、视频服务、电子书籍、有偿信息咨询服务等无形商品。

信息流是以上四个要素中最重要的一个，三类信息流贯穿于电子商务交易活动中，确保整个电商流程的顺畅进行。

电子商务概念模型体现出：电子商务本质上是电子商务实体通过电子市场围绕交易事务进行的，借助于信息流、资金流、商流、物流四个要素发生的经济活动。与传统商务的主要差异在于电子市场这个虚拟环境取代了传统的实体市场，而进行交易事务所依赖的工具和手段更多地偏重于现代信息技术，完成信息流、资金流、商流、物流四个要素的方式与传统渠道相比也发生了显著的变化。

3. 电子商务系统框架

电子商务系统是指通过现代信息技术所进行商务活动的计算机、互联网、相关人员与各类组织机构，以及与有关法律、制度、标准、规范相结合的统一体。它是以互联网为基础，以产品交易双方为主体，以线上电子支付和结算为手段，以客户为中心的新型商业模式，同时也是一项宏大的社会性系统工程。因此，首先应该建立一种面向系统工程管理和社会管理的电子商务框架，以此作为综合分析和研究电子商务的重要基础。

电子商务框架通常是指对实现电子商务的技术与应用所涉及的领域，可分为三个层次和两个支柱。三个层次分为最基础的网络层、消息/信息发布层和一般业务服务层；两个支柱是指各种技术标准及其安全网络协议和公共政策及律法。基于电子商务特殊的商业环境，电子商务活动在电子商务框架下才能正常开展，如图1-2所示。

```
┌──────┐  电子商务应用                           ┌──────┐
│      │（采购、在线营销与广告、网上银行、网上娱乐、有偿信息服│      │
│      │   务、电子交易市场、供应链管理等）            │各种│
│公共│──────────────────────────│技术│
│政策│  一般业务服务层                         │标准│
│及│（公共的商业服务基础设施：安全认证、咨询服务、市场调│及其│
│法律│   研、电子支付、电话簿、目录服务等）          │安全│
│      │──────────────────────────│网络│
│      │  消息/信息发布层                        │协议│
│      │（报文和信息传播的基础设施：EDI、E-mail、HTTP；│      │
│      │ 多媒体内容和网络宣传：HTML、JAVA、WWW等）│      │
│      │──────────────────────────│      │
│      │  网络层                                │      │
│      │（网络基础设施：电信、有线电视、无线设备、互联网等）│      │
└──────┘                                        └──────┘
```

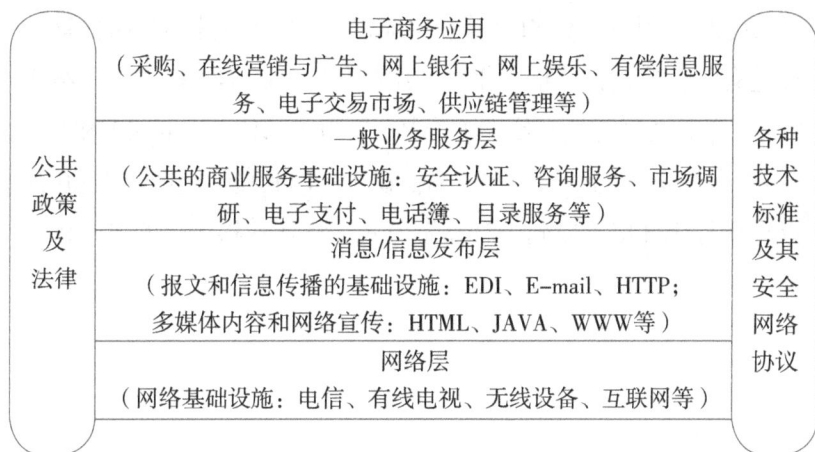

图1-2 电子商务框架

（1）网络层

网络层是电商行业使用的硬件基础技术设备，是线上信息传递载体。其以互联网为根基，包含了远程通信网、有线与无线通信网络等。远程通信网络包括公用交换电话网（PSTN）、公用数据网络（PTN）、综合业务数字网（ISDN）等。有线网络通信包括通过物理的有线连接来传输数据和信息的以太网（LAN）、电话线路通信、光纤通信等；无线通信网络包含了移动、微波、卫星三种网络。因特网是计算机网络，是由骨干网、城域网、局域网等多层网络搭建的整体，它使得任何一台联网的计算机都能够随时同整个世界联为一体。

以上各类网络都为电子商务提供了信息传输线路，不过大多数电子商务的应用还是以互联网为基础。早些年，互联网接入方法有公共电话网接入（Modem拨号上网）、综合业务数字网（ISDN）上网，后来逐步普及非对称数字用户线（ADSL）上网、有线电视网线路（Cable Modem）上网、数字数据网（DDN）上网、卫星接入上网、光纤宽带上网等接入方式。目前，光纤宽带已成为中国中小企业上网的主要途径。

（2）消息/信息发布层

网络层提供了传递信息的路线——信息高速公路。通过信息高速公路，可以将信息放在互联网上进行有效传输。但"跑什么样的车"和干什么样的事是依据用户使用的文字、图片、声音和视频图像等，所有的内容都是0和1的组合，对这些组合的解释、格式编码及还原是由一些用于消息传播的硬件和软件来共同实现的。以超文本标注语言（HTML）或可扩展标记语言（XML）等形式发布的多媒体内容，易于检索和富有表现力。应用Java或XML等技术能跨不同的系统平台发布信息。

信息传递有两种形式：非格式化（非结构化）的数据和格式化（结构化）的数据。非格式化的数据传送方法有传真（FAX）、电子邮件（E-mail）和文件传输协议（FTP），主要是面向人的。超文本传输协议（HTTP）是线上网络通用的信息传输协议，可以在多样化环境下以同一种显示方式去描述非格式化的多媒体消息。格式化的电商数据传输方法有电子数据交换（EDI）等，主要是面向计算机系统的，无须人的干预，信息的传送和处理可以实现自动化，比较适合于商贸活动中标准化程度较高的采购订单、发票、运输通知单等数据的传送。

（3）一般业务服务层

企业和个人在网上开展电子商务活动时都离不开一般业务服务层，包括电子商务的交易平台服务、信息技术服务、物流服务、电子支付服务、安全认证服务等支撑服务，和咨询营销服务、代运营服务等电子商务衍生服务。

（4）公共政策及法律

公共政策涉及各国从事电子商务活动相关的税收制度、信息访问权、隐私保护等事务。相关的法律法规保护了电子商务贸易活动的正常运转，让违法违规行为都受到法律制裁。公共政策及法律是保证电子商务活动健康、有序进行的制度性保障。

它通常是指国家政府拟定的宏观政策，以促进电子商务行业发展，其中包含了网络市场的入场管理，推广内容管理，围绕着电子商务特别制定的电信、互联网收费标准，税收制度，信息价格，信息获取及传输费用，个人隐私问题等。

（5）各种技术标准及其安全网络协议

全球互联网和电子商务要求有统一的技术标准和安全网络协议，是为了保证信息的兼容性与安全性，所以国际各类组织和企业都着力于联合开发统一的国际技术标准。其技术标准通常是指用户接口、传输协议、信息发布及应用技术标准等内容。《中国电子商务技术应用标准》其中包含了EDI标准、商品编码标准（HS）、通信网络标准等相关内容标准。SAFE网络协议营造了电子商务活动的安全网络环境。

1.1.2 电子商务历史

在1839年，人们就已经开始通过电报等方式进行收发贸易信息，或者说这是通过电子手段开展商务贸易活动的起源。具备真正意义的电子商务活动是诞生于20世纪70

年代。1970年，美国银行家协会开发了无纸金融信息传递的美国全国结算系统，并提出了行业标准。

1970年初，各类银行开始应用电子资金转账（Electronic Funds Transfer，简称EFT），而EFT通常是指各类企业通过网络进行账户交易信息。1975年，首个EDI的标准出现了。而EDI是指A企业向B企业进行传输的计算机可读数据，采用标准格式。它的出现源于当时流通量大、货物和单据交接次数多、单据交接速度慢的美国运输业。EDI和EFT是企业之间电子商务活动使用最早的系统。随着时代的进步和社会的发展，各类技术发生巨大变革，电子商务行业的发展历程分为以下四个阶段。

第一阶段：EFT时代

20世纪70年代，EFT正式在安全专用网络上推广，让金融行业的业务流程发生了巨大的变化。EFT最原始、同时也是最常见的电子商务形式之一。包括在零售店的收款处使用的借记卡、单位直接将工资转入各职工的银行账户等形式。

第二阶段：电子报文传送技术

在20世纪70年代末，电子商务行业以EDI等电子报文传送技术的形式在企业内部进行推广。在EDI推广之前，企业之间交换的文件记录的每一笔交易中几乎都包含了相同的内容，每笔订单交易中的订单信息、发票信息、提货单的内容都基本一致（例如商品代号、名称、价格、数量等），在描述这些信息时，不同的企业其书面文件都有各自单独设立的格式。电子报文传送技术可以将信息转换成对应的标准格式，再通过电子数据技术进行传输，从而减少企业的工作量，有效避免重新录入时出现错误，节约打印、邮寄费用，让业务流程更加简化，智能化电子化水平提高。

EDI使企业能够用标准化的电子格式与供货商交换商业单证（如订单）。如果将电子数据交换与准时化生产相结合，供货商就能将零件直接送到生产现场，从而节约了企业的存货成本、仓储成本，对处理内部和外部组织之间的非结构化沟通，也发挥着相当重要的作用。

采购人员也不再购买价格最低的产品，运用EDI技术，能够让他们争取在购买某一品种中最热销的商品时实现最大限度地节约。这种技术改进了购买行为，有效降低了生产商和经销商双方的运营成本。

第三阶段：联机服务

联机服务是在20世纪80年代中期开始盛行，这不但提供了新的社交互动方式，还提供了FTP和新闻组Usenet（诞生于1979年）等共享知识的方法，有效地为网民打造虚拟社区，在这里全世界的人都可以进行交流。

第四阶段：WWW应用

在20世纪90年代中期，网络上开始出现了WWW应用（1993年诞生Mosaic，1994年诞生Navigator），这是电子商务的转折点。WWW提供了一个简单便捷的信息与传递问题的解决方案。同时WWW所引起的大规模效应有效降低了商业运营成本，使企业在商业活动范围内更具有多样性。WWW也为个体商家创造了部分机会，使其在技术平等的基础上可以与实力资源浑厚的跨国公司进行公平竞争。新经济形势下的传统企业要保持其竞争优势必须重新考虑成本结构。

1.1.3 电子商务的功能与特征

商业活动是一种至少有两方参与的、进行具备价值的物品或服务的谈判和交易过程，其中包含了买卖双方为达成交易目的所进行的各种商业活动，即产品（服务）的营销、交易等活动的总和。过去几千年的商品贸易活动实践，总能紧跟时代的步伐研发新的设备，并将新的设备与技术应用于各类商务活动。如古帆船的出现，开辟了买卖双方交易的新通道；而印刷术、蒸汽机和移动通信等先进技术的出现也促使人们的交易方式产生巨大的变化。数十年来，各类企业通过各类电子通信设备来进行各种商品贸易活动。例如，银行通过EFT技术将客户资金转移到全球各个地方；企业通过EDI将订单信息进行传输；零售商通过电视广告营销来引起消费者电话订购。电子商务，是现代信息技术IT在商业活动中的运用。作为一类新型的传播方式与交易方式，电子商务是人们跟随时代发展对效率不断追求的结果。

1. 传统商务及其劣势

在传统的商业行为中，买卖双方的商业行为如表1-1中所示。

表1-1　买卖双方商业行为对比表

买方	卖方
①确定自身需求	①进行市场调研，分析顾客需求
②选择满足此需求的产品或服务	②设计制造满足此需求的产品或服务
③选择供应商	③进行促销活动

（续表）

买方	卖方
④进行商务谈判	④进行商务谈判
⑤成交签约并支付货款	⑤成交签约
⑥接收产品	⑥接收货款并交付产品
⑦要求售后服务	⑦提供售后服务

买卖双方整个商务过程一般会涉及大量的不同类型的业务流程或不同类型的企业。在传统的商务环境下，商务谈判、广告宣传、部门业务协同、资金转账、发出订单、寄送发票、运输商品、报关报税、售后服务等业务流程都要耗费大量的人、财、物和时间资源。所以传统的商业有成本高、容易出错、处理速度慢的缺点。业务活动的效率和规模受到很大制约。

2. 电子商务的功能

电子商务能够提供全方位服务，并在网络上进行买卖和办理。也就是说，电子商务具有广告宣传、咨询洽谈、网上订购、网上支付、物流服务、意见征询和交易管理等多种特定功能。

（1）广告宣传

电子商务使企业能够通过自身的网络服务器、主页和电子邮件进行广告宣传，在网络上进行企业形象的宣传和各类商品服务信息的公布，用户可以使用网络查找所需商品的信息。网络广告与其他广告方式对比，具有成本低、信息量大等优点。

（2）咨询洽谈

电子商务可在网上提供多种便利的咨询和洽谈手段，它突破了人们面对面交谈的限制。企业可借助非实时通信工具（如电子邮件等）和即时通信工具（如微信、QQ等）来了解市场和商品信息，进行买卖事务的洽谈，使用网络会议工具来进行更为便捷的信息沟通。

（3）网上订购

电子商务可以通过电子邮件互动传输，实现在线订购。在线订购普遍在产品页面上提供十分善意的订购提醒信息和订购互动信息。客户将订单填写完毕后，系统通常会回复信息单，以确保订单信息无误。

（4）网上支付

电子支付是电子商务的一个重要环节。采用网上银行、第三方支付等方式进行网上安全支付，可以加速交易过程，节省交易费用。

客户与商户之间可以使用信用卡账户来执行支付。运用电子支付，会省去很多在买卖中的开销。不过网上电子支付需要更牢靠的信息传输安全把关，防备欺诈、窃听、冒用等非法行为。

（5）物流服务

物流配送系统化可以快速地将客户订购的商品送到客户手中。对于有形商品，物流快递可以从本地或异地仓库中进行配货并高效地完成送货。而软件、电子读物等无形的数字化商品，可以通过网络直接下载并在线提供给用户使用。

（6）意见征询

电子商务能够十分方便地使用网页上的"选择""填空"等相关文件，搜集用户对商品的反馈。这样可以使企业的市场经营形成闭合之路。顾客的反馈不仅可以提高售后服务水平，还可以让商家获得提升产品质量和发现市场的商机。

（7）交易管理

企业的买卖办理涉及人、财、物，以及企业与企业之间、企业与消费者之间、企业与政府之间、企业内部各部门之间的协调与管理，涉及整个经营活动管理的全过程。

电子商务的上述功能，为企业提供了一个良好的买卖办事服务和办理环境，使电子商务得以顺畅运作。

3. 电子商务的特征

（1）商业性

电子商务的商业性指的是利用网络和电子技术进行商业活动的性质，它是一种基于互联网的商业模式，通过电子渠道进行产品销售、交易和服务提供。电子商务的其他功能都是围绕着这一基本功能展开的。

（2）高效性

电子商务为买家和卖家提供了高效的交易服务方式。传统的业务方式是通过信函、电话和传真进行信息传递。各个环节能展开的前提是各个环节都必须有人的参与，有时会因延误时间而失去商机。

电子商务系统可以在互联网上瞬间完成商业数据的传递与处理，克服了传统商务成本高、易出错、外部管理速度慢等弊端，交易时间大大缩短，提高了商务活动的效率。企业还可以记录客户的每次访问、购买情况以及对产品的偏好，通过统计分析来寻求潜在的市场机会，提高营销效率。

（3）服务性

作为一种新的买卖形式，电子商务必须有更完善的服务做支撑。互联网提高了企业的办事效力，商家能为客户提供更为完善的服务。网上商店无需实体店铺，企业可以提供全天候的服务从而提高顾客的满意度。

（4）安全性

买卖安全对电子商务的开展非常重要。缺乏安全的电子商务无法吸引顾客，也将限制企业运用计算机网络传递各种商业信息的能力。互联网上大量存在的欺诈、窃听、病毒、黑客都威胁电商活动安全，必须通过一系列安全技术保证电子商务活动的安全。

现有的安全技术包含加密机制、签名机制、分布式安全办理、存取管制、防火墙、Safeter、防病毒保护以及符合国际标准的安全电子交易协议等，这些方法营造了一个安全牢靠的电子商务环境。

（5）协调性

通过计算机网络协调企业内部、企业与供应商以及企业与客户之间的关系，企业能够快速响应客户需求，这样不但能够满足顾客的个性化需要，又能减少商品积压和资金占用。

（6）整合性

电商整合性在于买卖处置的整体性与统一性，它可以对交易处理的任务流程进行标准化，将人工操作和电子信息处理融为一个不可分离的整体。如此，可以有效提高人力、物力的使用率，加强相关制度操作的严格性。

（7）可扩展性

电子商务系统的可扩展性是指系统能够在用户数量、交易量和功能需求等方面灵活扩展和适应变化的能力。这需要系统具备高性能、可靠性和灵活性，同时也需要有稳定的技术支持和升级机制来保证系统的稳定运行和持续发展。

1.1.4 电子商务关联对象

电子商务的有效开展，涉及以下四个关联对象：

1. 交易平台

第三方电子商务平台（以下简称第三方买卖平台）是指按照电子商务贸易活动中的交易与服务规范，为买卖双方或多方提供服务的独立于产品或服务的提供者或需求者。

让消费者通过网络平台进行网上购物、网上电子支付，节约消费者与商家的时间，大幅度提高买卖效率，这才是电子商务的含义所在。在信息多元化的21世纪，电商平台能够为消费者提供海量的商品，消费者也能够随时随地进行商品购买，享受到前所未有的购物体验。目前，最常见的电子商务平台有淘宝网、天猫商城、京东商城、亚马逊等。

2. 平台经营者方

第三方买卖平台经营者方（以下简称平台经营方）是指自然人、法人和其他在工商行政管理机关登记并领取营业执照，运营第三方买卖平台，为买卖双方提供办事服务的组织。

3. 站内经营者

第三方买卖平台站内经营者（以下简称站内经营者）是指在电子商务交易平台从事交易及相关服务活动自然人、法人和其他组织。

4. 支付系统

电子支付系统（Electronic Payment System）是由提供支付结算服务的中介机构和完成支付指令传递和资金结算的专业技术手段一起组成的一个金融系统，以落实债权债务的清偿和资金的转移，偶尔也称为清算系统（Clear System）。

1.1.5 电子商务的优势

电子商务之所以能在全球蓬勃兴起，吸引了众多企业加入，是因为基于互联网的电子商务具有非常明显的优势，它可以低成本高效率地完成商务活动，提高企业经济效益。电子商务的优势如表1-2所示。

表1-2 电子商务优势列表

电商的优势
高效高速，发展潜力大
有效降低运营成本
覆盖面广
出现更多商业机会
全面增强企业竞争力
功能齐全便捷、服务周到、易操作

1.1.6 电子商务的分类

1. 按照商业活动的运作方式分类

根据商业活动的运作模式，可以将电子商务分为完全电子商务和非完全电子商务两种。

（1）完全电子商务

它是指完全通过计算机网络完成商品或服务的整个交易过程。完全电子商务让交易双方在充分挖掘全球市场潜力的同时，突破了地理空间的障碍。完全电子商务主要适合于那些能在计算机网络上直接传输的无形商品或服务的交易，如计算机软件、数码音乐、电子报刊、电子图书、数字化的市场信息和各种咨询服务等。

（2）非完全电子商务

它是指一些有形的商品或服务，不能完全依靠电子方式来完成整个交易过程。它还要依靠一些传统渠道（如运输配送系统等）才能完成交易。现在国内大部分公司开展的电子商务基本上属于非完全电子商务。

2. 按照开展电子交易的范围分类

从交易范围来看，电子商务可以分为本地电子商务、国内电子商务和全球电子商务三大类。

（1）本地电子商务

它是指在本地区或本市范围内，利用计算机网络实现的电子商务活动。它的电子交易范围较小，利用互联网（Internet）、内联网或者专用增值网络（VAN）将交易各方、金融机构、保险公司、商品检验部门、税务部门、货物运输公司、本地区的EDI中心等单位的信息系统连在一起。本地电子商务是展开国内与国际电子商务的根基与前提。

（2）国内电子商务

它是指在中国境内发展的在线电子商务活动。它的买卖地域范围较为广泛，对硬件和软件的要求比较高，要求商业电子化、自动化，在全国范围内完成金融电子化。买卖各方需要具有一定程度的电子商务常识、经济与技术能力，并具有一定的管理能力。

（3）全球电子商务

它是指交易各方在全世界范围内通过计算机网络进行电子商务活动。涉及买卖双方国家进出口公司、金融机构、海关、税务、保险公司等的计算机系统。这类业务内容庞杂，数据往来频繁，对电子商务系统的要求是严谨、精准、安全、牢靠。全球电子商务的平稳发展，需要制定全球统一标准的电子商务守则，制定电子商务（贸易）协议。

3. 按照使用网络的类型分类

从使用网络类型上看，电子商务可分为基于EDI专用网络的电子商务、基于互联网的电子商务、基于内联网的电子商务以及基于外联网的电子商务。

（1）基于EDI专用网络的电子商务

这指的是使用EDI网络运行电子商务活动。简单来说，EDI就是将商业文件依照规范协定标准化、格式化，通过网络传输、电子自动化解决贸易和计算机网络系统之间的数据问题。EDI多数用于企业与企业、企业与政府之间的单证等商业文件传递，具有安全、可靠等特点。商业文件包括订单、发票、货运单、报关单以及进出口凭证等。

（2）基于互联网的电子商务

这指的是使用网络开展电子商务活动。根据美国互联网协会的定义，互联网是一种"组织松散、国际合作的互联网络"，是一种由传输控制协议/互联网协议（TCP/IP）组织起来的国际互联网络。互联网实际上是一个由众多不同网络通过网络互连和现代通信手段，在遵守共同协议的情况下互连而成的全球开放性网络。它强调的是网站之间以及网络之间的连接，它的特点是全球性、开放性和平等性。接入互联网的通信实体共同遵守的通信协议是TCP/IP协议集。TCP/IP是规范网络上所有通信设备之间数据往来格式和传输方式的网络通信协议，是一种标准的计算机资料打包、寻址方法。

电子商务是当代商业的最新形式。它基于计算机、通信、多媒体和数据库技术，经过Internet达成市场营销和购物服务。电子商务突破了传统商业生产、零售、批发、进销存调的流转顺序，因此可以做到少投入，低成本、零库存、高效益。

（3）基于内联网的电子商务

这是指使用企业内部网络开展电子商务活动。如果把WWW的诞生看作互联网发展的第一次浪潮和快速普及的原动力，那么内联网就是互联网发展的第二次浪潮和企业计算机应用的里程碑。内联网是企业为实现内部业务处理、管理和通信的目的，用互联网技术和协议架构发展起来的内部专用的相对封闭的网络，具有集成性、外向性和兼容性的特点。其在原有的局域网络上附加了一些特定的软件，将局域网络与互联网衔接起来，从而构成信息交换的统一便捷平台。为确保企业内部资料安全，在内联网和互联网之间常常设置防火墙一类的软件或硬件，严格过滤进出信息。内联网强调的是企业内部各个部门之间的衔接，通过网络将分布在各地的大中型企业分支机构和企业内部的各个部门连接起来，使企业的各级治理人员都可以经过网络取得所需的信息，有效降低了办理费用，提高了办事效率。

（4）基于外联网的电子商务

这是指使用企业外联网进行电子商务活动，实现企业间项目合作，使业务运营效率提高，买卖成本有效降低。外联网是为了实现相关企业间的信息交换，遵循相同的网络协议和技术标准而建立起来的广域网，是将内联网的构建技术应用于多个企业之间的网络系统。这是一个受控的外联网络，强调的是企业和商家的联系。外联网通过添加外部连接把客户和相关企业接入内联网，数据库可以通过内联网和互联网进行更新，使企业的数据库中保存与其相关的客户和企业的信息。

4. 按交易主体分类

按交易主体分为三类：B2B类（Business to Business）、B2C类（Business to Customer）、C2C类（Customer to Customer）。其中，**B2B**是指企业和企业之间进行的电子商务；B2C是指电商商家与消费者之间进行的电子商务活动，主要表现为网上零售；C2C是指消费者和消费者之间进行的电子商务。

5. 其他主要分类

（1）O2O电子商务

O2O，是英文"Online to Offline"的缩写，它的主要模式是线上订购、线下消费。消费者在线下实体店订购商品或挑选服务后线上支出消费。就算是线上零售最为兴旺的国家——美国，其线下消费占比仍高达92%。这种电商模式是B2C的一种特殊形式，是电商的未来形态之一。如今多数从事O2O模式的电商商家都有线下实体店，这样的运营方式，能够吸引更多热衷于线下实体店购物的消费者，消除消费者对网购的疑虑。O2O形式的核心在于线上预付费。商家通常会推出比线下支付更优惠的价格，吸引顾客到网上进行付款。O2O具有价格便宜、购买便捷、可以及时获知优惠信息等优点。

（2）B2T电子商务。

B2T，是英文"Business to Team"的缩写。这类网络团购方式是通过聚合互联网分散但数量庞大的消费者，形成洽购团体，以团体身份与商家进行谈判，扭转个体消费者的弱势位置，使之能够享受到团购的优惠。B2T的形式多种多样，如客户自由组团、职业专门团购、电商商家团购。网络团购近几年在网民中十分流行，其主力军是年龄在25～35岁的青年群体，广泛分布于北京、上海、深圳等城市。

（3）垂直电子商务

垂直电商（Vertical E-Business），是指在某一行业或细分市场促进深度经营的电子商务形式。与其相对的则是类似天猫、京东这类综合电子商务网站。垂直类电子商务网站多从事B2B或B2C业务的同类型产品运营，如中国化工网等。其优势在于专注和专业，能够提供更加符合特定人群需求的消费产品，满足某一领域用户的特定习惯，因此能够取得用户信任，从而形成独特的品牌价值。我国电子商务在起步阶段形成了很多综合性的电子商务网站，所有产品提供统一的服务，但随着产业的成熟，垂直化的电子商务服务开始受到重视，为客户提供了个性化的体验。国外垂直电商已经发展得相对成熟。美国最大的购物网站亚马逊虽然经营的商品种类众多，但各个商品大类都有自己的专业团队独立运营以满足不同用户的需求。

（4）B2B2C电子商务

B2B2C（Business to Business to Customer）是网络购物的新型商业方式。第一个B指商品或服务的供应商；第二个B指的是提供高质量附加效能的电子商务企业，为买方和卖方提供联络和买卖的平台，C是指消费者或顾客。B2B2C源于目前B2B和B2C模式的演化和完善，将B2B、B2C和C2C完美联合，通过电子商务企业自建物流供应链体系，提供一致的服务。B2B2C将"供应商→生产商→经销商→消费者"各个环节紧紧地联系在一起。整个供应链是从发生增值到完成价值的进程，将资源从产出、配送到终端零售批发全方位整合，不只是网商的办理能力大大加强，同时也有利于客户取得增值。采用B2B2C模式的电子商务的中间环节通常不存在库存，而是需要建立更合适的物流系统，按照客户需要抉择适宜的物流公司，加强与物流企业的协作，由此达成全程物流解决计划。同时为客户节约资本（包含如时间、资金、风险等成本要素）。

（5）B2M电子商务

B2M（Business to Marketing）指为企业提供网络营销托管的电子商务服务模式。B2M电子商务公司为企业提供网络营销服务，建立以客户需要为中心的营销型网站，通过对企业产品和服务特性的分析和研究，在线上线下多种渠道普遍推行站点，制定导购员管理标准。采用精准高效的网络营销提高企业产品和服务的销量，持续扩大企业在目标市场中的影响力，从而为企业在经济上寻找新的增长点。B2M以网络营销市场为核心，以企业网络营销渠道的建设为中心。网络营销托管包含网站经营托管、搜索引擎广告托管、B2B营销托管、B2C网店运营代理销售。

1.1.7 电子商务多维度影响

电子商务是商业领域重大变革的结果，它指引着当代商业的发展方向，作为一种新型的经济经营形式，它所带来的冲击远非商业范畴所能比拟。全球电子商务的开展正改变着生活中的各个方面，包括生产经营活动、生活和就业、政府职能、法制和教育文化等，它将给人类社会带来非常深刻的影响。

电子商务对社会的渗透也是空前的，无论是工业、金融业还是媒体传播业，不管是政府、企业还是科研单位，甚至传统的农业都已经受到影响。

1. 电子商务对企业的影响

电子商务为企业参与国际、国内经济贸易带来了机遇，改变了企业的商务活动方式。企业从互联网庞大的信息资料库中获得开展各种商业活动前所需要的信息，并利用互联网发布产品信息，进行广告宣传和促销。公司之间订立合同，不再需要面对面地谈判，而是通过网络进行。财务人员也不再需要一遍又一遍地跑银行、跟单证，而是利用网络方便准确地进行资金划拨、税款缴付等一系列原来相当复杂的操作。

在传统商品流通的情况下，在商品由生产者向消费者转移的过程中，中间商发挥了桥梁和纽带作用，有效促进了商品向目标市场的普遍投放。但中间商的出现，提升了商品的最终价格，同时也在一定程度上拉大了消费者和生产者之间的距离，这不利于生产者对产品情况做出迅速的回应。加上有中间商趁机压低产品售价，哄抬零售价格，这不仅伤害生产者的利益，也损害消费者的利益，从而影响了产品的传播性。

电子商务拉近了厂商与终端用户的距离，企业能够绕过传统经销商，直接与客户进行沟通，客户的需求能够直接转化为企业的生产要求，这不但能够加强企业与消费者之间的联络，而且由于减少了许多繁琐环节，使得企业的运营管理资本大幅度降低，从而使传统市场的形式（从生产厂家到商场再到消费者的市场形式）发生了扭转。

2. 电子商务对信息服务业的影响

互联网最大的优势在于它能够方便快捷地提供用户需要的各种信息。从某种程度上讲，电子商务最适合的行业就是信息服务业，因为信息服务不需要任何形式的交割，整个买卖过程完全能够通过互联网实现，实现真正意义上的网上交易。

网上就业信息服务业是随着互联网兴起的一种新型服务行业。通过互联网提供就业信息，一方面把企业对劳动力的需求信息快速及时发布在网上，让求职者可以及时知悉劳动市场的需求，调整完善自己，并寻找合适的岗位；另一方面，把求职者的信息也及时发布在网上，让缺乏劳动力的企业能够及时从网上找到所需的合适人才。

另一类比较成功的信息服务类电子商务就是法规信息服务。法规信息浩如烟海，而每个人需求的信息只是这庞大信息库的沧海一粟，这就要求法规信息服务必须全面准确。鉴于法规信息不断变化，法规信息服务必须能够及时反映出法规的变化情况。通过互联网提供法规信息服务可以非常容易地满足这些条件。

还有一种信息服务是网上信息搜索的门户站点提供的信息服务。门户站点按照一定的分类和标准集中了众多互联网网页的摘要信息，让用户可以非常方便地从中找到自己需要的各种信息及站点。

信息传播的基本要求是快速及时，互联网传播不需要经过印刷、运输等报纸所必须经过的程序，只需要简单编排，而且消息更新基本不受任何时间、地区的限制，因此更及时、更快捷。用户也不必像买报纸一样把全部信息买下来，他只需要根据自己的兴趣和爱好选择自己需要的信息来阅读就行了。随着多媒体技术的发展，互联网上的传播集报纸、广播和电视的功能于一体，并且具有目前报纸、广播和电视所不具备的功能。

3. 电子商务对消费模式的影响

电子商务让人们的消费模式发生了转变。网上购物让人们足不出户就可以货比多家。消费者将以一种自我服务的形式达成买卖，这种方式非常轻松自由。

4. 对传统教育方式的影响

利用互联网开展的网上远程教育同以广播、电视为手段的远程函授教育相比，有了质的飞跃。它是交互式的，即学生与老师可以对话，学生可以提问，老师在线解答，或者"系统"按照预先设定好的内容进行答复。不按呆板的课程时间表授课，学生可以弹性学习，教学内容丰富，课程差异大，难度也不同，兼顾了提升性和普及性的要求。

远程教育投入低、产出高。一是不需要学生住集体宿舍，后勤机构不必为学生的生活效劳，学校机构办理和学生效劳人员相应减少，降低人力成本。二是消除区域差异，缩小了我国偏远地区与大城市教学质量的差距，最终可以更好地发挥优秀的师资力量和高质量的教材的优势。

第二节　电子商务的技术基础

1.2.1 互联网技术

电子商务是依托计算机和互联网开展的商业活动。所以其活动离不开计算机和互联网。电子商务的互联网技术基础有以下几个方面。

1. 网络信息搜索

"搜索"是互联网最大的贡献之一，互联网中存在的网页量大，信息繁多，如何在这些繁杂的信息中找到自己需要的内容，这就必须求助"搜索"功能。在进行电子商务的过程中，搜索是经常使用的操作。总体来说，搜索的方式有两种，一个是搜索引擎的使用，一个是用户进入专门的电商平台进行搜索操作。

2. 即时交流工具

电子商务活动都是通过网络来完成的，而买卖的双方也许相互并不认识。为了让消费者更好地熟悉商品，达成买卖，在网上可以通过一些工具进行沟通。如腾讯QQ、阿里旺旺都是常用的即时交流工具。其中腾讯QQ在日常的工作和生活中使用较多，阿里旺旺更多是在淘宝、天猫商城等阿里巴巴旗下平台进行电子商务时使用。虽然其用途有所差异，但使用方法都类似。

3. 电子邮件

虽然QQ等即时通信软件兴起，人们的交流更加便捷，但由于电子邮件有信息存储时间长，方便用户随时提取等优势，电子邮件的使用频率仍然很高。

使用电子邮件一定要先有邮箱。各大综合网站都可申请电子邮箱，如新浪（www.sina.com）、网易（www.163.com）等，随着QQ的发展，QQ也拥有邮箱功能。对于经常在工作时使用QQ的用户来说，QQ邮箱非常便捷，也是很多用户的首选。不管是哪类邮箱，其使用方法类似。

4. TCP/IP协议

TCP/IP协议又称网络通信协议，它是供已连接互联网的计算机进行通信的通信协议，使网络上各个计算机能够互相交流各种信息。

HTTP是客户端浏览器或其他小程序与Web Server之间的应用层通信协议。

其中，超文本（Hypertext）是指包含超链接（Link）和多种多媒体元素标志（Markup）的文字。这些超文本文件彼此链接，使用统一资源定位符（Uniform Resource Locator，简称URL）来表示链接。HTTP将超文本文档依照URL的批示从一个主机（网页服务器）传送到另一个主机（浏览器）的应用层，从而达成超链接的性能。TCP/IP协议的层级结构如图1-3所示。

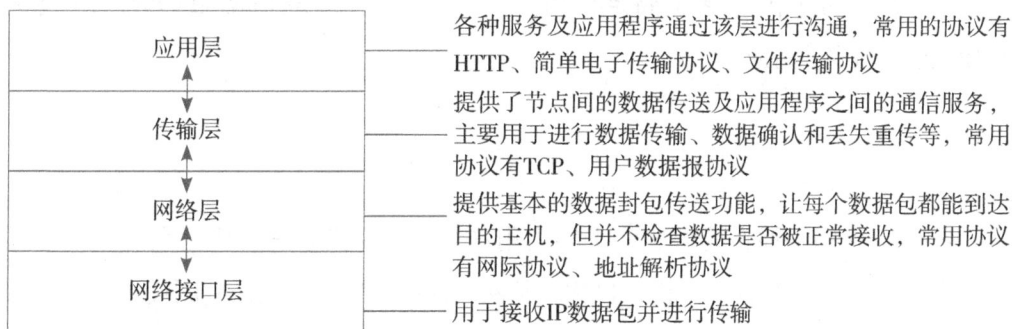

应用层	各种服务及应用程序通过该层进行沟通，常用的协议有HTTP、简单电子传输协议、文件传输协议
传输层	提供了节点间的数据传送及应用程序之间的通信服务，主要用于进行数据传输、数据确认和丢失重传等，常用协议有TCP、用户数据报协议
网络层	提供基本的数据封包传送功能，让每个数据包都能到达目的主机，但并不检查数据是否被正常接收，常用协议有网际协议、地址解析协议
网络接口层	用于接收IP数据包并进行传输

图1-3　TCP/IP协议的层级结构

5. 其他协议

电子商务的其他协议如图1-4所示。

简单邮件传送协议
一组用于由源地址到目的地址传送邮件的规则，用来控制邮件的中转方式。

邮局协议
被称为邮局协议第3版（Post Office Protocol Version3，简称POP v3），主要用于电子邮件的接收。

互联网邮件访问协议
与POP v3类似，是一种邮件获取协议，可以从邮件服务器上获取邮件的信息、下载邮件等。

其他协议

图1-4　电子商务的其他协议

6．IP地址与域名

IP地址即网络协议地址。全球每台连接上互联网上的主机，都有一个全球唯一的IP地址。采用IPv4技术，IP地址由32位二进制组成，被分为4段，每段8位，多数用4组3位的十进制数表现，中间用小数点分开，每组十进制数的范围为0～255，如192.168.1.51就是一个IP地址。IP地址将由两个部分组成，第一是互联网地址，二是主机地址。其中，互联网地址用来标识连入互联网的网络，主机地址用来标志此互联网上的主机。

数字形式的IP地址难以记忆，故在实际使用时常采用字符形式来表示IP地址，这是域名系统（Domain Name System，简称DNS）。域名系统由若干子域名构成，子域名之间用小圆点来分隔。域名的层次结构如下：n级域名.……三级域名.二级域名.顶级域名

互联网中的每个主机都有特定的IP地址和域名，只有建立相应的DNS服务才能实现IP地址与域名的对应。

7．网络通信技术

物理网是网络通讯的根底，主要由用户终端、交换系统、传输系统和其余通信设备组成，是一个物理架构，也称装备网。其中，用户终端是外围设备，如电话终端、电脑终端、传真终端、多媒体终端等，用于将用户发送的信息转化为电磁信号并传入通信网进行传输，或将接收到的电磁信号由通信网转化为用户可辨认的信息。交换系统是消息的集散地，用来完成信息的交换。

支撑网是为保证业务网络正常运行，加强网络功能，提升全网服务品质而组建的网络。支撑网传递的是对应的信号，如管制、监控和信令。支撑网有3种不同的功能，它们分别是信令网、同步网和管理网。信令网是指用于传输和处理通信网络中信令信息的专用网络，包括呼叫控制、资源分配、状态管理、错误处理几个功能；同步网为通信网提供同步控制信号，供通信网内一切通信设施的时钟（或载波）运用；管理网是为保持通信网正常运行和服务所建立的软硬系统（即管理网络）。

业务网承担网络通信的重要效能，是疏通各种通信业务的网络，如电话、电报、传真、数据、图像等。业务网具有等级结构，能够在业务中设置差异化档次的交换中心，并以一定的方式在交换机之间按照业务流量、流向、技术和经济分析相

互连接。在当前环境下，信息与网络技术飞速发展，目前较为重要的网络通信技术是第5代移动通信技术，即5G网络通信技术。5G网络通信技术的三大特点如图1-5所示。

超高速率 与4G网络相比，5G网络的传输速率可达10Gbit/s，比4G网络高出10~100倍。

超大连接 除了智能手机、平板电脑外，智能手表、健身腕带、智能家居等设备也能通过5G网络进行互联，使其形成一个完整的互联网络。

超低时延 5G网络可以根据不同的服务要求，将运营商的物理网络划分为多个虚拟网络，以灵活应对不同网络应用场景，减少时延问题，提升网络的安全性和可靠性。

图1-5 5G网络通信技术的三大特点

1.2.2 web开发技术

1. B/S架构

基于互联网开发的一种网络结构形式。该形式统一了客户端，将运用系统的中心业务处置性能集中到了服务器端，让应用系统的开发愈加简单、系统保护更加便捷。B/S架构的任务形式是客户端通过浏览器请求，由服务器端应答。使用者可通过web浏览器发出存取请求。请求被服务器接管后，再经过应用程序服务器或数据库服务器进行应答，具体工作流程如图1-6所示。B/S架构数据库数据处理如图1-7所示。

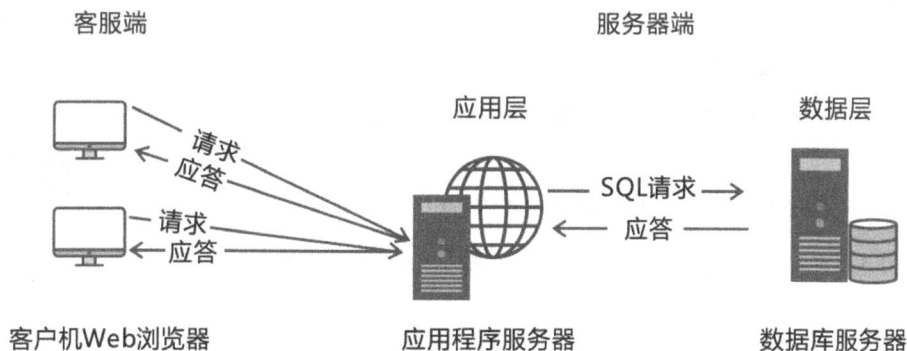

图1-6 B/S架构工作流程

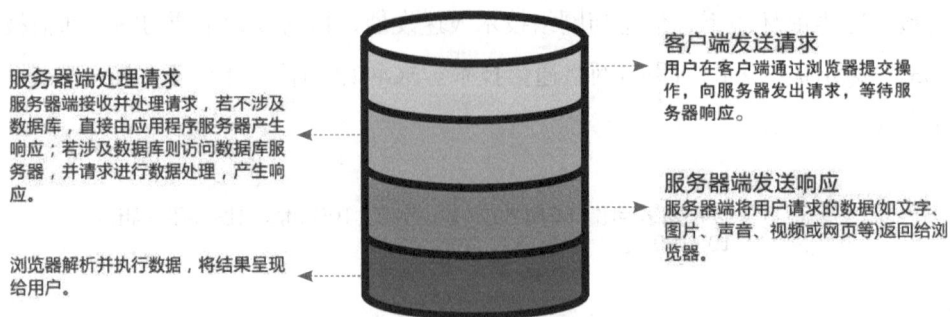

服务器端处理请求
服务器端接收并处理请求,若不涉及数据库,直接由应用程序服务器产生响应;若涉及数据库则访问数据库服务器,并请求进行数据处理,产生响应。

浏览器解析并执行数据,将结果呈现给用户。

客户端发送请求
用户在客户端通过浏览器提交操作,向服务器发出请求,等待服务器响应。

服务器端发送响应
服务器端将用户请求的数据(如文字、图片、声音、视频或网页等)返回给浏览器。

图1-7 B/S架构数据库数据处理

2. C/S架构

工作模式是客户端(也称客户机)与用户交互,数据库服务器处理数据。具体工作流程如图1-8所示。C/S架构数据库数据处理如图1-9所示。

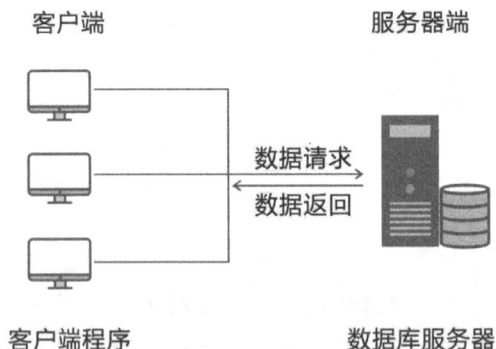

客户端　　　　　　　　　服务器端

数据请求
数据返回

客户端程序　　　　　　　数据库服务器

图1-8 C/S架构工作流程

■ **客户端程序提出请求**

客户端程序与数据库服务器通过局域网连接在一起,客户端程序接收用户的请求,并通过网络向数据库服务器提出数据请求,等待数据库服务器处理。

■ **数据库服务器返回数据**

数据库服务器接收客户端程序的请求,将数据库中对应的数据返回给客户端程序。

■ **客户端程序解析并执行数据,将结果呈现给用户。**

图1-9 C/S互联网架构数据库数据处理工作

3. 超文本标记语言和脚本语言

超文本标记语言（HTML）是一种标记语言。它包括一系列标签。通过这些标签可以将网络上的文档格式统一，使分散的互联网资源连接为一个逻辑整体。HTML文本是由HTML命令组成的描述性文本，HTML命令可以说明文字、图形、动画、声音、表格、链接等。HTML5是公认的下一代web语言，极大地提升了web在富媒体、富内容和富应用等方面的能力，被喻为终将改变移动互联网的重要推手。HTML与HTML5的特点如图1-10所示。

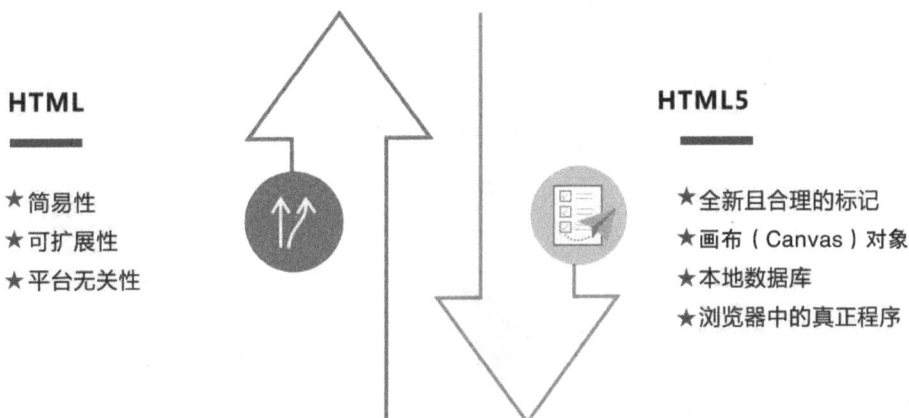

HTML
———

★简易性
★可扩展性
★平台无关性

HTML5
———

★全新且合理的标记
★画布（Canvas）对象
★本地数据库
★浏览器中的真正程序

图1-10　HTML与HTML5的特点

脚本语言（Script Languages）是为了缩短传统的编写-编译-链接-运行（Edit-Compile-Link-Run）过程而创建的计算机编程语言。

HTML尽管能够完成信息的显示，然而因为技术弊端，难以实现与客户端与服务器端的交互。脚本语言正好弥补了这个缺陷，它支持网页应用程序的客户机和服务器的开发，可以被嵌入超文本标记语言之中，实现客户端和服务器端之间的实时互动和动态互动。脚本语言有很多。其中Java Script出现频率比较高，也是与超文本标记语言关联较紧密的一种脚本语言。

4. 服务器端技术

服务器端技术主要负责实现动态交互，是目前较为主流的电子商务系统的实现方式。服务器端通常也叫服务端。客户端之间的信息互动和数据传输是通过服务器端完成的。服务器端起到了中间核心处理者的作用，它负责处理业务逻辑并进行数据存储管理。常用服务器端技术有PHP、Java EE、Python、ASP.NET、Node.js等。服务器端是客户端之间信息交换和通信的中间载体，是产品的重要组成部分。

客户端与服务器端基于因特网和数据交换协议进行通信，不同客户端载体均可根据标准数据接口接入同一服务器端。服务器端负责对数据进行存储与管理，基于客户端的请求进行业务处理并响应客户端请求。服务器端数据互通如图1-11所示。

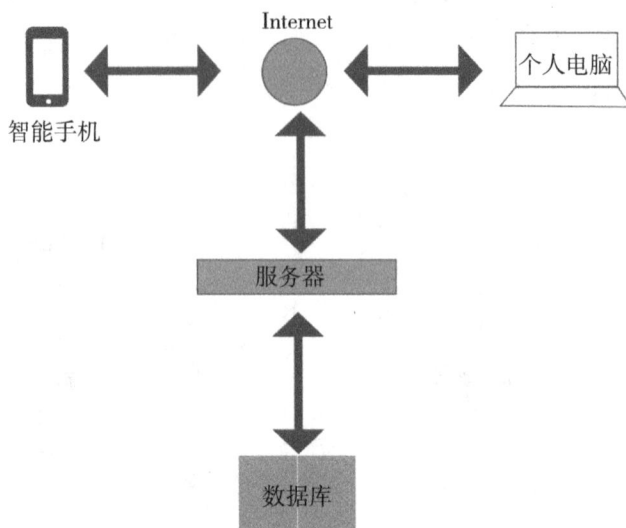

图1-11　服务器端数据互通

5. 数据库

数据库（Database）是长久储存在计算机中，有组织、可共享的大批量数据的汇总。数据库中的数据按照一定的数据模型进行组织、描述和存储，其冗余度小、数据独立性高、扩展性强，可供各类用户共享。

1.2.3 新兴技术

1. 云计算

云计算是分布式处理、并行处理和网格计算等技术的综合展开，其原理是将巨大的计算处理流程通过网络自动拆分为多个较小的子程序，给多台服务器组成的庞大系统进行搜寻、计算和剖析后，将处理结果回传给用户。云计算使网络服务商能够在数秒钟内处理数以千万计的信息，甚至以亿计的规模计算。云计算具有虚拟化、超大规模、高扩展性、高可靠性、低成本等优势。

2. 大数据

数据是指存储在某种介质上的包含信息的物理符号。进入电子时代，人们生产数据的能力得到飞速的提升，生产的数据量大大增加，这些数据的增加最终促使了大数据的产生。大数据技术是指为了传送、存储、分析和应用大数据而采用的软件和硬件技术，也可将其看作面向数据的高性能计算系统。

大数据技术在电子商务中的应用主要体现为以下两大系统，如图1-2所示。

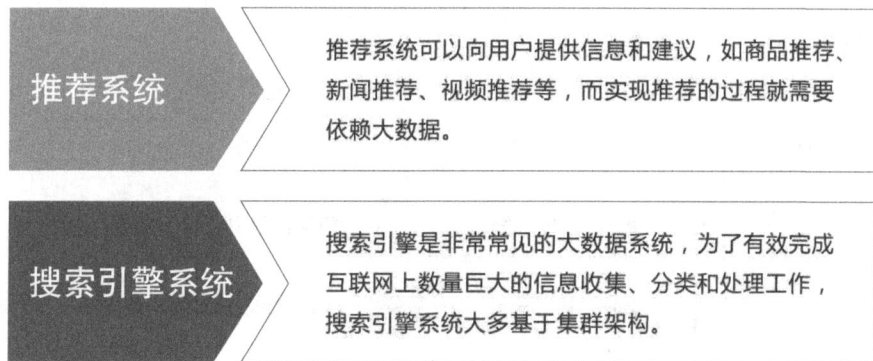

| 推荐系统 | 推荐系统可以向用户提供信息和建议，如商品推荐、新闻推荐、视频推荐等，而实现推荐的过程就需要依赖大数据。 |
| 搜索引擎系统 | 搜索引擎是非常常见的大数据系统，为了有效完成互联网上数量巨大的信息收集、分类和处理工作，搜索引擎系统大多基于集群架构。 |

图1-12　大数据应用的两大系统

3. 物联网

物联网是基于互联网、传统电信网等信息承载体，让一切能行使独立功能的常见物品形成互联互通的网络。简单地说，物联网可以把所有能行使独立功能的物品，通过信息传感设备与互联网连接，互通信息，实现智能化识别与管理。在物联网上，每个用户都可以应用电子标签连接真实的物品与网络，可以利用物联网的中心计算机集中管理和控制设备和人员，也可以遥控家庭设备、汽车以及搜索物品位置防止被盗等。

4. VR与AR

VR具体包含了模拟环境、感知、自然技能以及传感设备等。模拟环境指由计算机生成的实时动态的三维立体图像；感知是指人所具备的所有感知，包括视觉、听觉、触觉、嗅觉、味觉等；自然技能是指计算机对人体行为进行处理，并对用户的输入做出实时呼应；传感设备是指三维交互设备。

AR包括多项新技术，其中有多媒体、3D建模、实时视频显示与控制、多传感器集成、实时追踪与记录、场景集成等。AR与VR的使用范围相似，如尖端武器、飞行器的研制与开发等，但AR有对现实环境促进加强显示传输的特性，使其在医疗、军事、古迹复原、网络视频通信、电视转播、旅游展览、建设规划等领域的表现更加出色。

人工智能（AI）又称机器智能，指由人工制造的系统所表现出来的智能，可以概括为研究智能程序的一门科学，主要目标在于研究用机器模仿和执行人脑的某些智力功能，如判断、推理、识别、感知、理解、思考、规划、学习等思维活动，探究相关理论，研发相应技术。

人工智能技术涉及的行业很多，在电子商务的主要运用领域为以下4个方面，如图1-13所示。

A 智能客服机器人　B 智能推荐引擎

C 图片智能搜索　D 智能分拣机器人

图1-13　人工智能在电子商务的主要运用领域

第三节 电子商务的发展趋势与历程

1.3.1 电子商务发展趋势

中国电子商务通过十几年的发展，星星之火已成燎原之势，其规模一直在扩大，市场买卖金额持稳定增加。而今呈现出以下发展态势：价值理念逐渐走向成熟，规模构架逐渐进步，内涵向广域化开展，成为了政府经济社会发展的重要突破口。移动商务的发展则进一步推动了电商的领域渗透和技术进步。

1. 电子商务的价值理念渐趋成熟

我国电商行业经过十多年的持续发展，各层次的价值观念趋于成熟，人们的认识逐步上升。

（1）从业务层面来看。初期的企业开展电商的初衷仅仅是一种尝试性的想法，抱着求新求变的心思，对电商的发展没有深度的开发意识。现在的企业，已从初始地对电子商务的认知上升到了一个新的高度，从买卖电子化提升到了业务核心认知程度，并把发展电子商务作为企业拓展业务渠道、提高市场价值的首要手段，甚至成为企业发展的根本着眼点。

（2）从政府层面来看。依法行政的电子化、现代化，不仅成为政府为人民服务的需要，也成为政府调整经济构造、推动经济发展、进行市场预测和市场干预、扩展政府调配功能的中心要点。

（3）从消费者层面来看。电商完成从时髦消费的新型理念，到群众用户发现新的消费渠道、搜集市场信息、需求性消费变为主流的消费方式的转变，电商也由此成为与人们生活息息相关的重要节点。

2. 政府经济社会发展的重要突破点——电子商务发展

电子商务从崭露头角，到现在的规模发展，展示出巨大的生机活力和迅猛的发展势头。电子商务虽然仍存在诸多弊端和缺点，但它的优势是对经济开展发挥着巨大的作用，特别是在企业发展中减少供给量、提高库存效率和产品增值效率、提高企业运营效益等方面起到巨大作用，引起了社会各方面的关注。

（1）政府推进电子商务发展。从中央到地方，从宏观到微观，政府层面对电子商务的关注和发展都迈上了新台阶。从2009年中央经济工作会议可以看出，政府关于推动经济构造调整、推动社会经济发展的一系列方针政策，都与推动电子商务发展紧密相连：重视服务业对中国经济社会发展的推动作用；重视消费市场对国民经济发展的巨大推动作用；重视消费技术创新在企业发展中的作用，注重转变经济增长模式。这说明，政府在推行社会经济中，了解到电子商务在其中的重要位置和"引线"作用，这些都能凸现出电子商务在配置政府资源中的首要地位。

（2）政府对电子商务的层级框架做了进一步的细化。电子商务经历了十多年的发展，政府对当代电子商务的定位趋于明确，层级构造趋于细化。目前，政府着重关注电子商务的三个方面，一是发展电子商务运用平台，即依靠本地特色产业，由传统企业、电商服务商、政府三方同时构建电子商务实践应用层面，这在电子商务层级框架中处于顶层；二是电子商务的网络平台发展，线上平台包含了互联网、通信系统、电子信息等基础技术手段的发展平台，这位于电子商务层级框架的中间层；三是电商支持平台，包含物流、结算、支付、标准、征信系统等多个方面的业务流程，这是跟电商一起发展的产业，也是电商的立身之本，位于电子商务层级框架的底层。

3. 电商规模结构变化不断

随着国内电子商务的运用，它的规模和结构也发生了巨大的改变，表现为规模的持续发展，结构的不断调整。

（1）规模发展方面。十几年来，中国电子商务飞速增长，每年增加速度高达40%～50%。特别是在2009年全球经济遭逢"寒冬"时，电子商务表现出了巨大的优势和顽强的生命力，买卖规模不仅没有降低，反而有所上升，这也让很多企业看到了电子商务发展的强大后劲和优势，同时也让企业在传统渠道遭遇打击时，愈发认可电子商务、器重电子商务，这为之后企业发展电子商务奠定了理念基础。

（2）结构调整方面。在电子商务发展中，C2C应用形式比重明显增加，B2C和B2B应用比重稍有下降。在电商细分市场中，龙头电商企业有着较大的规模，同时有着质量优势和品牌优势，阿里巴巴等大规模企业在市场中所占据的优势位置进一步凸显。此外，互联网的发展使得电商在移动商务市场呈现出一种新的发展趋势，电商市场的格局也因此而有所改变。

4. 电子商务的内涵向广域化发展

随着电子商务在各个行业范围中的广泛扩展，它的使用范围从原先的简单产品销售扩展到金融、物流、医药、教育、化工等行业中，其与市场的结合度从广度到深度不断拓展，内涵也从单一的业务范围扩展到电子、网络、通信相干的众多技术应用、市场结合等多个维度。根据全球电子商务发展局势和我国经济社会转型的实践，预估一段时期内，我国电子商务的重点发展方向将发生改变：

（1）发展电子商务的首要载体将以金融和商贸流通为主

从我国经济运转态势来看，尤其是对第三产业开展的重视，我国政府把电子商务发展作为推进社会经济发展重要的推动手段之一，以适应市场对支付、融资等业务要素的发展需求，因此，在未来一定时期内，金融和商贸流通应该是中国电子商务的重要产业。这其中，商贸流通业具有重要意义，因为电子商务在商贸流通发展中具有很强的自发性，它与市场的融合度大、接触面广，所涵盖的市场领域多，直接而广泛地影响着大众的生活和消费。往后，在商贸流通行业使用电子商务，需要增强监管、规范市场行为、加快信用体系建设，推进电子商务渠道不断开拓。关于金融行业电子商务的使用，它的发展时期比较早，所以较为成熟，有着成熟的经验和扎实的基础，在商务活动当中作为支付体系的领头羊，起到了示范、带动的作用，在电子商务的开展中发挥了异常重要的作用。

（2）商务活动中的支付业务向银行倾斜

电子支付是电子商务行业长期发展的重要支持，在十几年的电子商务发展过程中，第三方电子服务商完善了商业买卖中的服务空白，为消费者提供优质的便捷服务，为开展消费市场发挥了举足轻重的作用。然而，随着电子商务的纵深发展，特别是电商市场规模的日渐扩充、日常买卖规模的超规模发展，规范买卖行为、保护消费者权益已然成为了国家首要的监管内容，所以，银行作为支付平台也就成为无可争议的发展趋势。承担支付职能、进行支付系统重建的银行体系，效仿当前第三方支付的资金流转制度，增加发卡和应用力度，为最大限度贴近目前电子商务需要，扩展银联服务功能。但就目前电子商务的开展形势来看，第三方支付平台需要经过时间的沉淀才能施展其全部作用。

（3）电子物流将增速发展

物流作为电子商务发展的重要支撑，在其中扮演着基础性的角色。没有物流，电商无法在信息流主导下完成物态流动。而我国物流发展相对滞后，尚未形成完整的物流体系。物流也因此成为中国电子商务发展的一大阻碍。

面对这种情况，国家在大力发展电子商务的时候，必然会把发展物流作为突破电子商务壁垒的一项重要内容来抓。所以，未来几年，中国物流将会向现代物流的方向大步迈进，这必然会加快物流适应与电子商务的发展。因而，目前物流现代化中存在的信息平台阻碍、管理服务阻碍、物流体系构建阻碍等都将被逐个击破，当代物流业可以得到飞速进步。

5. 移动商务会有实质性的应用

电子商务的基础技术是互联网，而传统的互联网络是布线分布的，只要有网线就可以连接网络，显然依附传统布线形式的网络不能覆盖所有地方，存在一些被地形和交通阻碍的地理空间，电子商务市场在某些地域发展不足或存在空白。随着手机网络的出现，特别是手机城市概念的出现和实践，使得互联网络达到了相对的空间填充，所以手机商务的市场就出现在了电子商务上，它扩展了电子商务的应用空间，扩大了电子商务的覆盖范围，推动了电子商务对手机商务市场的开拓。

随着智能手机的普遍化，移动电子商务行业成为了各大电商平台的"战场"之一。目前各大电商几乎都有自己的平台App，如何更好地为手机购物用户服务，使通过移动设备消费的消费者有更好的购物体验感，是所有电商正在努力做的事情。可以说，在未来的市场中，移动电商市场将会占有一席之地，并且会扮演举足轻重的角色。

6. 加强推动电子商务技术发展和领域渗透

审视中国电子商务当前的发展的态势，是喜忧参半的。中国电子商务的发展不仅面临着全球经济一体化的冲击，同时也面临着国内经济结构调整中的诸多矛盾。然而，电子商务是当今世界科技和经济进步的潮流，这就使我们无法忽视它，更无法以一种坦然的心态去维持现状。我们不能消极地去面对它，而是要迎难而上，积极主动地去发展它。

要加强调研，不断完善电子商务市场规范，努力掌握电子商务运行发展规律，将其融入各行各业，成为经济结构调整的重要媒介，成为经济发展的重要助推器，以加快我国经济社会现代化、全球化进程，推动电子商务持续发展，推动我国经济社会发展再上新台阶。

深入发展O2O线上线下一体化。电子商务O2O模式是电子商务深入发展的一个结果，各大电商开始构建本地生活圈，发展线上网店+线下实体店模式，将范围扩展到生活服务类和农产品类，让用户购物体验更好，让电商渗透到用户生活的各个角落。

多区域全面渗透。如果说前期的电子商务重点在于扩展一、二线大型城市，完成主流消费人群的建立，那后期的电子商务除了维护这一重要群体之外，还需引领开发三、四线城市以及农村市场。

发展跨境电子商务。在人们对生活品质要求越来越高的大环境下，跨境商务的市场越来越大。在国内电商竞争如此激烈的形势下，跨境电子商务成为很多大型综合平台电商和垂直平台电商（如京东海外购、蜜芽宝贝）的新"战场"。

加强大数据分析。大数据分析使电子商务市场能够更加精确地定位用户群，找到商品卖点。电商通过对用户的购物习惯、喜好、价格等因素的分析，得到精准的数据，从而更好地服务用户，绑定用户为自己的长期客户。例如华为，正是通过分析京东用户购买手机的数据，得到用户对手机性能、大小、价格等偏好数据，从而定制手机，使其得以畅销。

1.3.2 电子商务发展历程

1. 电子商务的阶段性发展

在电子商务的发展过程中，网购是很重要的板块。但电子商务起步早于网上购物，内容广于网上购物。总体来说，电子商务在中国的发展历程，大致可以分为四个阶段。

（1）第一阶段：电子商务雏形期

这一阶段（1990—1997年）是以政府为主导的电子商务基础建设和应用阶段。1991年国务院组织成立中国EDIFACT委员会，并加入亚洲EDIFACT理事会，以加快改革开放的步伐，加速对外贸易发展，并寻求与国际接轨。1993年年底，我国正式启动了国民经济信息化的起步工程——"三金工程"，即"金桥工程""金关工程""金卡工程"。其中，"金桥工程"是指建立全国共享经济信息网络，信息覆盖全国；"金关工程"是指将全国外贸企业信息系统联网，推广电子数据交换技术，实行无纸贸易的外贸信息化管理工程；"金卡工程"是指推广使用"信息卡"和"现金卡"货币电子化工程。

在这一阶段，我国的计算机技术和互联网建设还处于起步阶段，个人互联网用户很少，大多是政府部门、科研部门通过专线连接到互联网。虽然这一阶段的电子商务硬件条件不足，但我国政策的出台为推动电子商务行业提供了条件和安全保障。

（2）第二阶段：电子商务发展期

这一阶段（1998—2001年）进入以互联网企业为主导的电子商务应用阶段，在这一阶段，中国上网用户增长速度快，远远超过了全球的平均水平。因为前期我国的政策铺垫以及网络用户的数量上升，同时受美国互联网电子商务应用的影响，国内已经涌现出不少专业的互联网公司。例如，新浪、搜狐、网易、阿里巴巴等互联网公司都在这一时期起步的。从此以后，网络服务商们开始大举进入电子商务领域。但好景不长，受全球经济总体形势的影响，2001年世界IT业遭遇了严重挫折，网络经济也不例外，大量市场条件不成熟，资金不雄厚的电子商务类公司逐渐消亡。

在这一阶段，我国的电子商务经历了"快速发展→盲目扩张→受创"的过程。根据（CNNIC）的统计，截至2001年12月31日，中国网民人数达3370万人。计算机的广泛应用，为发展电子商务提供了最基本的条件。虽然受整个经济形势的影响，电子商务公司受到重创，不少公司倒闭，但是这些"血的教训"让后期电子商务市场发展更加理性。

（3）第三阶段：电子商务加速期

这一阶段（2002—2009年）全球电子商务"由阴转阳"，显示出旺盛的生命力，交易额持续增长。自2002年以来，我国B2C市场得到了飞速的发展。企业自建平台与第三方平台大量涌现，2008年中国电子商务B2C市场交易额达1776亿元人民币，同比增长51.4%。2009年，我国电子商务市场保持平稳增长势头。同时，随着中央经济工作会议的召开及一系列文件的出台，电子商务行业对我国社会经济发展与调配的支持作用日益明显。

在这一阶段，中国电子商务显示出健康、蓬勃、积极的一面。同时，各大服务商纷纷开发不同的交易模式，进一步打破了B2B、B2C和C2C之间的界限，与此同时，政府愈加注重电子商务行业的长久发展。

（4）第四阶段：电子商务成熟期

这一阶段（2009年至今）我国电子商务产业快速发展，产业规模迅速扩大，并不断涌现出电子商务信息、交易、技术等服务类企业。根据中国国家统计局的数据，中国电子商务交易额在2018年至2022年期间的数据情况如下：2018年中国电子商务交易额达到30.1万亿元人民币，同比增长28.7%。这表明电子商务在中国市场的持续增长；2019年中国电子商务交易额达到34.8万亿元人民币，同比增长15.8%。尽管增长速度相比前一年有所放缓，但电子商务仍然保持着稳定增长的态势；2020年受到COVID-19疫情的影响，电子商务交易额出现了爆发式增长，交易额达到44.8万亿元人民币，同比增长28.7%；2021年随着疫情逐渐得到控制，中国电子商务交易额继续保持增长，交易额达到54.2万亿元人民币，同比增长约20%；2022年中国电子商务交易额超过60万亿元人民币，同比增长约10%。这一增长将受益于数字经济的快速发展、技术创新以及消费者对线上购物的持续需求。

在这一阶段，国家相关机构出台了与电子商务相关的、不同方面的政策。主要有以下5个方面，如表1-3所示。

表1-3 国家制定的电子商务相关政策指导

可信交易方面	国家工商行政管理总局与相关部门，推进买卖的电子商务交易主体、客体、买卖双方、基础消息和标准管理；国家质检监督检验检疫总局还着重探讨建设以统一产品编码体系为基础的电子商务交易产品基础信息标准化管理制度、质量信息公开制度；商务部重点推动诚信制度建立
移动支付方面	对于目前高速发展的移动支付需求，中国人民银行正在制定手机支付发展的详细制度，引导商业银行和各类支付机构依照手机支付金融行业规范执行
网络电子发票方面	税务总局以弥补完整的电子发票管理制度和规范标准为起始，进一步推动网络电子发票试点；财政部研讨并完善一系列规章政策，如电子快捷档案管理制度等
商贸流通方面	商务部与相关部门就电子商务应用在买卖、物流运输、网络拍卖等范围的制度、管理规范、规范标准等方面进行进一步完善
物流配送方面	国家邮政局在创新电子商务快递服务机制的同时，重点研究建立重点地区快递准时通报机制，完善电子商务配送系列保障措施

📠 考证知识点指引

鉴定范围	知识点	中级电子商务师（5级、4级）	高级电子商务师（3级、2级、1级）
电商基本知识	电商的概念	√	√
	电商信息流	√	√
	电商系统的构成	√	√
	电商系统的层次	√	√
	电商的功能	√	√
	电商的特征	√	√
	电商的关联对象	√	√
	电商的分类	√	√
互联网知识	TCP/IP 协议	√	√
	IP 地址与域名	√	√
	Web 开发技术	√	√
	脚本语言	√	√
	服务器端技术	√	√
	云计算	√	√
	大数据	√	√
	物联网	√	√

📠 本章实训

以小组为单位（3~5人为一个小组），选择一个自己小组熟悉的电子商务网站（或平台）进行调研，以PPT的形式，跟大家分享以下内容观点：（1）简单讲述该平台的历史；（2）描述该平台的核心功能；（3）分析该平台的市场竞争优势。

第二章

认识电子商务的基本模式

知识目标

了解电子商务模式的概念

了解电子商务模式的基础理论

了解电子商务的盈利模式

能力目标

掌握电子商务各个模式的特点

掌握电子商务的发展方向

掌握电子商务的盈利模式构建

章节引导

电子商务模式是指电子商务活动中的各个主体，按照一定的交互关系与交互内容所形成的相对固定的商务活动，根据商务活动的技术基础与盈利模式，可分为企业对企业的电子商务（B to B/B2B）、企业对消费者的电子商务（B to C/B2C）、消费者对消费者的电子商务（C to C/C2C）、政府对企业的电子商务（G to B/G2B）以及政府对公众的电子商务（G to C/G2C）等。

奈雪的茶：借力丰富玩法，打造元宇宙虚拟社交空间

"新零售"自被提出开始，不断有人对其进行解读，不同的人及机构对新零售的理解也各有差异。

奶茶作为当下年轻人重要社交方式之一，已经成为一种文化现象。在近年来的市场竞争中，奶茶品牌也越来越重视品牌推广和社交营销，尝试通过兼具可玩性与话题点的方式，打造出更加具有年轻气息和社交属性的品牌形象。

奈雪的茶在上市一周年之际，联合网易瑶台共同推出"元宇宙奈雪乐园寻宝派对"活动，在元宇宙世界中打造神秘幻境，邀请品牌用户游园探秘，共享欢乐，通过丰富的沉浸式交互体验，为用户打造了一个极具趣味性、仪式感、传播性的元宇宙虚拟社交空间，为奶茶品牌提供了一个全新的数字化营销范例。

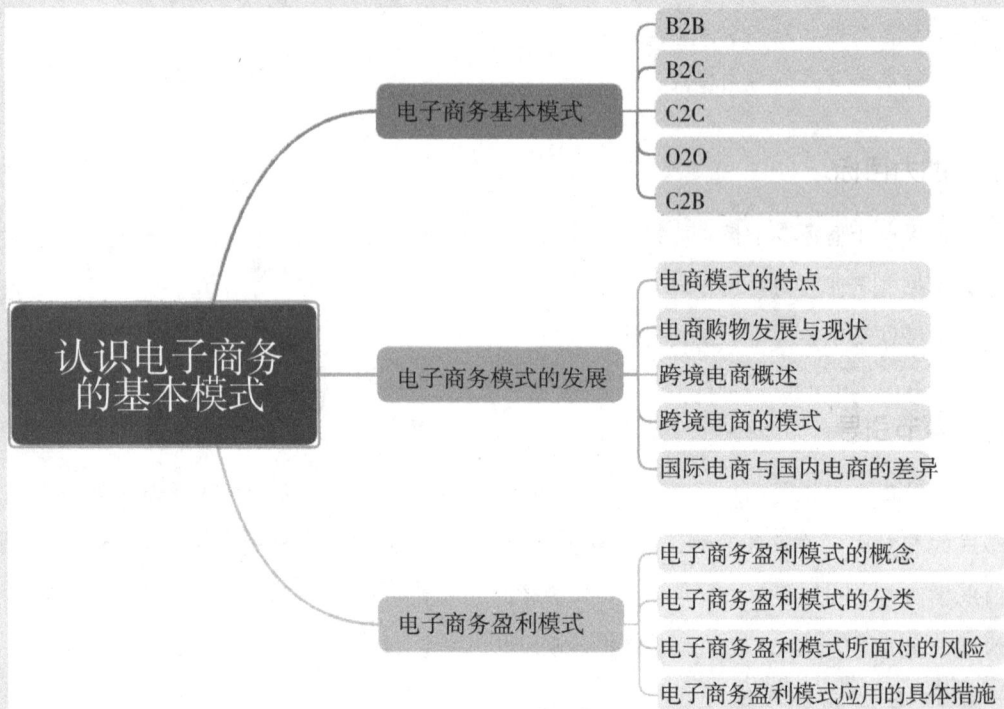

```
                                              ┌─ B2B
                                              ├─ B2C
                        ┌─ 电子商务基本模式 ──┼─ C2C
                        │                     ├─ O2O
                        │                     └─ C2B
                        │
                        │                     ┌─ 电商模式的特点
                        │                     ├─ 电商购物发展与现状
认识电子商务 ──────────┼─ 电子商务模式的发展 ┼─ 跨境电商概述
的基本模式              │                     ├─ 跨境电商的模式
                        │                     └─ 国际电商与国内电商的差异
                        │
                        │                     ┌─ 电子商务盈利模式的概念
                        │                     ├─ 电子商务盈利模式的分类
                        └─ 电子商务盈利模式 ──┼─ 电子商务盈利模式所面对的风险
                                              └─ 电子商务盈利模式应用的具体措施
```

第一节 电子商务基本模式

为了更好地规范电子商务发展，电商被分成了不同的种类。如按交易商品的内容不同，可分为实物电商和虚拟产品电商两大类；按服务对象的区域不同，分为内贸电商与外贸电商两大类；依照用户运用的终端不同，可分为传统电子商务和移动电子商务。除此之外，还有一种广泛使用的、按参与交易对象不同进行的分类。

如今电子商务有ABC、B2B、B2C、C2C、B2M、M2C、B2A（即B2G）、O2O等几类模式，而最为常见的则是B2B、B2C、C2C、O2O、C2B，如图2-1所示。

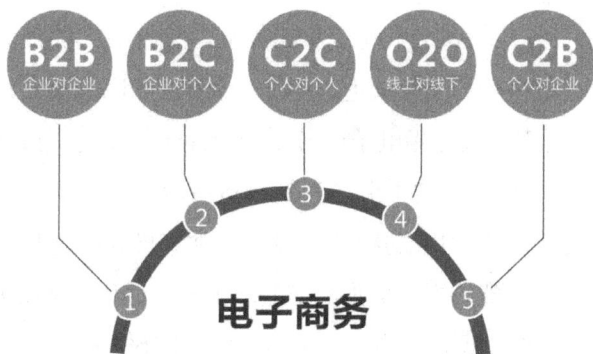

图2-1 电子商务模式的五种主要类型

2.1.1 B2B——企业对商家（泛指企业）之间的电子商务

B2B电子商务是指企业与商家（泛指企业）之间通过互联网发生产品、服务和信息交流的商务模式。该模式是当前电子商务中占有率最大、操作性最强的一种模式，利用互联网的极速反应，以推进企业业务发展为己任，为客户提供更优质的服务。B2B电子商务模型如图2-3所示。

在高速发展的电子商务产业下，B2B电子商务模式也呈现多元化，主要有以下四种模式，如图2-2所示。

图2-2　B2B电子商务的4种主要模式

1. 综合模式：综合模式是指一个电子商务平台提供多种产品或服务，并面向不同行业或领域的企业。这种模式的平台通常具有较大的规模和用户群体，可以提供多种品类的产品和服务，以满足不同企业的需求。综合模式的优势在于多元化，能够为企业提供全方位的采购和销售渠道，增加交易机会和效率。

2. 垂直模式：垂直模式是指电子商务平台专注于特定行业或领域，提供该行业所需的产品和服务。这种模式的平台在特定领域有深入的了解和专业的资源，能够为企业提供专业化、精细化的采购和销售服务。垂直模式的优势在于对行业需求的深入理解和专业化服务，能够提供更加精准的匹配和定制化的解决方案。

3. 关联模式：关联模式是指电子商务平台通过合作或关联，与其他相关企业共同提供综合的产品和服务。这种模式的平台通常依托于多个合作伙伴的资源和优势，形成联合的销售和采购网络。关联模式的优势在于整合多方资源，提供更加全面的解决方案和更广泛的市场覆盖。

4. 自建模式：自建模式是指企业自主建设和运营电子商务平台，直接提供产品和服务。这种模式的企业拥有自己的品牌和销售渠道，可以更加灵活地控制和管理整个交易过程。自建模式的优势在于企业具有更高的自主权和品牌影响力，能够更好地掌握市场和用户。

这些电子商务B2B模式各有其特点和优势，企业可以根据自身的需求和定位选择合适的模式，以实现更好的经济效益和市场竞争力。B2B电子商务模式包含非特定企业间的电子商务，也包含特定企业间的电子商务。

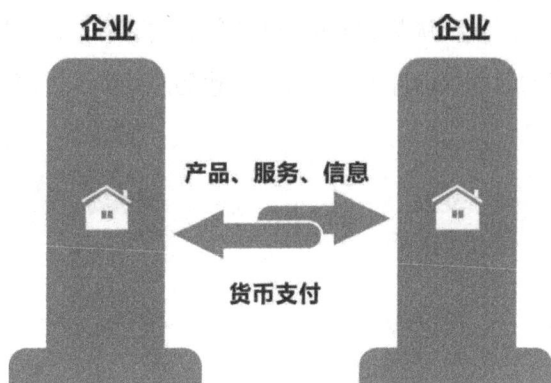

图2-3 B2B电子商务模型

非特定企业间的电子商务：

非特定企业间的电子商务是在一个开放的互联网平台中找寻每一笔交易的最佳伙伴，与伙伴完成从订购到结算的全部交易行为。虽然非特定企业间的电子商务占B2B交易模式的大多数，但是因为加入同一个网络平台的用户都是局限在某一个固定行业里且需要这些商品的商家，所以久而久之，也能够在网络平台上达成较为稳固的供求关系。

特定企业间的电子商务：

特定企业间的电子商务是特定企业之间发生的商业交易，企业之间存在持续的交易关系。企业可以利用网络订货，接收发票，向特定的供应商支付货款。B2B在这领域范围有着多年运营经验，特别是通过专用网络或增值网络运行的EDI领域。

例如，阿里巴巴（www.1688.com）、环球资讯网、中国化工网等都是专门提供B2B电子商务服务的网站。在这些网络平台中，各个企业客户都可以找到合适的合作对象，进行采购、销售、接收合同和付款等活动。

2.1.2 B2C——企业对客户（消费者）的电子商务

B2C（Business to Customer），B2C的B是指商家（企业）的意思，2是to的谐音，C则是指消费者，因此B2C是企业对客户（消费者）的电商模式。

B2C电子商务是指企业对个体推进电子商务业务的总称。B2C电子商务模型如图2-4所示。具体地说，就它指企业或商业机构与消费者之间利用信息网络和电子数据信息完成多种商业活动、买卖活动、金融活动和综合活动，是消费者通过互联网平台直接参加的经济活动的形式。从源头上减少了中间商的环节，企业与消费者联系更为直接，没有中间商带来的任何加价环节，因此成本也随之减少了，消费者能够购买到价格更优惠且有保障的产品。

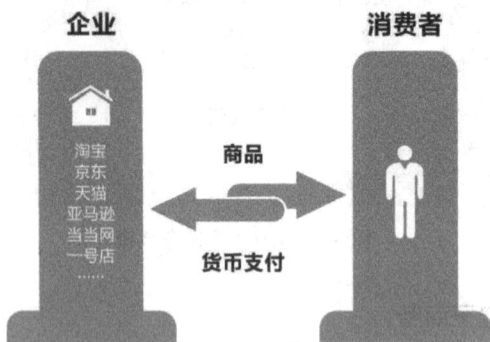

图2-4　B2C电子商务模型

B2C主要分为以下几类。

（1）综合型B2C

综合B2C正如人们通常进入的现实生活中的商城。它的产品品类非常丰富，有完好的购物体系。天猫商城是综合B2C的典型代表。这类B2C电子商务平台都有实力雄厚的公司背景、稳定的网站平台、完善的支付体系、诚信安全的交易体系，因此进驻平台的商家相对有品质，平台上销售的产品品质也更有保障。如此形成良性循环，更多的商家进驻平台，为大众消费者提供更多的优势单品。这样一家B2C综合商城，在人气旺、产品丰富、物流便捷的情况下，保证低成本、24小时发货、不限区域、价格实在等，显示出线上综合商城强大的综合优势。除天猫商城外，亚马逊、京东商城等均是综合型B2C的典型代表。

（2）垂直型B2C

垂直型B2C是指就某个行业深入整合供应链而形成的针对此领域的运营的电子商务模式。垂直B2C需要对供应链进行深度整合，能控制供应商的产能确保其供应能力。另外，垂直型B2C还需要专业的运营能力，在网络营销、顾客关系管理（CRM）维护、客服接待、物流等方面具有专业性。垂直型B2C品类相对单一，做深做精、维护好客户群是其能够稳定而长期发展的基础。如唯品会、贝贝网等就是典型的垂直型B2C。

（3）直销型B2C

直销型B2C是指企业通过自建网络销售体系进行自有商品售卖的电子商务模式。

直销型B2C可以省掉中间的多层销售环节，可以大大减少消费者的购买成本。

直销型B2C正成为很多大型企业的主要销售渠道之一。对于大型企业而言，将现有线下渠道与线上电商平台的利益协调好，实施差异化销售，线上产品在售后服务方面也能通过线下渠道进行改良。这是能够有效融合线上，线下的一种电子商务模式，如苹果官网、小米网、华为商城等都是直销型B2C的典型代表。

B2C能够按照多个角度分成不同的类型，以上列举的是大众认知度较高的B2C类型。中小型企业在人力、物力、财力都有限的情况下，建议选择更为适宜的形式来拓展线上销售渠道。

目前B2C模式主体大多都是大型公司或集团，具有一定的可信度，受消费者所喜爱。天猫商城、京东商城、亚马逊、当当网、苏宁易购等都是当前较为出名的B2C电子商务平台。

2.1.3 C2C——个人对个人的电子商务

C2C（Consumer to Consumer）。指的是个人与个通过网上商务平台进行交易的一种电子商务模式，如用户拥有一部手机，使用线上平台进行销售，与另一用户达成买卖，这种交易类型称为C2C。C2C电子商务模型如图2-5所示。

C2C模式，即个体与个体的关系。而C2C商务平台则是为买家和卖家提供线上交易的平台，卖家线上发布商品，买家购买，类似于拍卖。

在C2C电商模式中，提供线上交易线上平台扮演着一个不可或缺的角色。首先，互联网领域非常广泛，假若没有一个大众熟悉的、被买家和卖家双双信赖的交易平台，把买家和卖家聚集在一起，那么单靠个人在网络上无的放矢地搜索，双方很难找到对方，也就失去了大量的交易机会。

其次，线上平台的供应商也往往充当着监督者和管理者的角色：监督和管理买卖双方交易行为，最大限度地防止欺诈等事件发生，由此来保障买卖双方的权益。

再次，线上平台供应商也能够提供技术支持给买卖双方。技术支持包含协助商家创建店铺，进行产品内容编辑发布和定价策略的制定；协助买家进行产品的筛选、电子支付等。正是因为有了技术支持，所以在短时间内，C2C这个模式才能快速地被广大普通用户接受。

最后，随着C2C模式的不断发展，线上平台供应商也可以为买家和卖家提供保险、借贷、金融等服务让买家卖家获得更好的体验感。

例如，淘宝（集市店，不含天猫）、易趣网、拍拍网等均为目前知名的C2C电子商务平台，而且在当下淘宝网是全球最大的C2C电子商务平台。

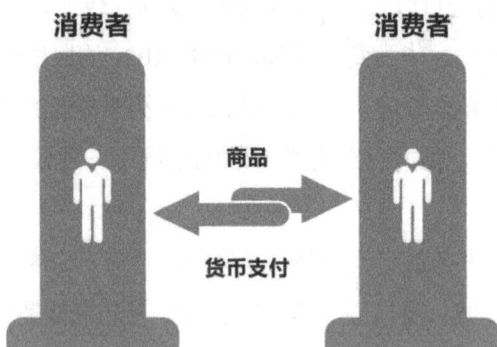

图2-5　C2C电子商务模型

2.1.4　O2O——线上对线下的电子商务

O2O（Online to Offline）模式，简单说线上支付与线下服务结合在一起。在线上开拓客源，引流到线下门店消费。O2O电子商务模型如图2-6所示。主要针对线下的实体商品和体验性项目，如美容、饮食、电影、美容护理等。

O2O利用互联网平台，将互联网与实体店进行衔接，让消费者在线下享受到贴心服务的同时，还能享受到线上的优惠价格。这样线下实体店可以利用线上营销推广吸引消费者，同时消费者也能够用线上平台对商家进行筛选，线上也可以进行交易结算。

当前最常见的O2O电商模式有以下两种：

（1）Search模式

典型代表比如美团，消费者去到一个陌生的地方，可能陷入选择性困难，可以使用美团搜寻到自身并不了解的商户，然后就可以进行消费了。

（2）Coupon模式

典型代表比如麦当劳优惠券、维络城、团购套餐等，就是提供折扣券和代金券给人们，吸引大家前去消费。各类电子会员卡尽管称为会员卡，然而提供的仅仅是折扣，所以也属于这一类，只不过换了一种方式罢了。

以上两种模式的最大特色就是：促销活动能够查询、每笔成交订单可追踪。

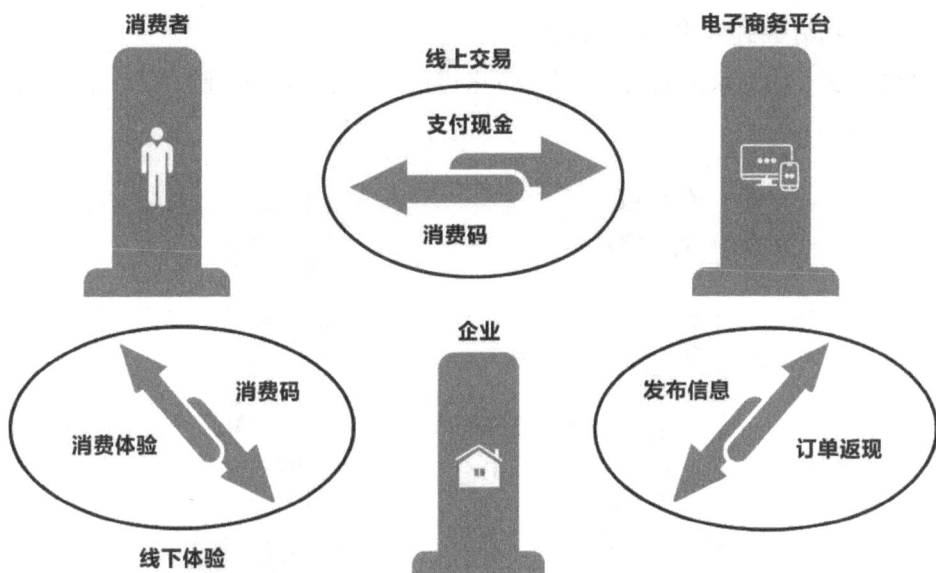

图2-6　O2O电子商务模型

现在的团购模式是O2O模式中的典型案例，如美团、大众点评等电子商务平台都是O2O交易模式的典型代表。

2.1.5 C2B——消费者对企业的电子商务

C2B（Consumer to Business），即消费者对企业，是互联网经济时代新的商业形式。这种形式改变了原先生产者（企业和机构）与消费者的关系，是消费者奉献价值（信誉价值）、企业和机构消费价值的一种形式。以消费者为中心是C2B的核心。C2B电子商务模型如图2-7所示。

消费者按照自身的需求去定制产品并确定价格，或者主动参加产品的设计、生产和定价，产品满足消费者的特色需求，再由生产商进行定制生产。这种先由消费者提出个人需求，再由生产商依照消费者需求组织生产的运营模式，是比较少见的。

如今，拼多多未来的方针策略以C2B形式为主（即聚集广大的消费人群来享有特定的优惠价钱，以此满足消费者的需要）。对于商家来说，要求做到以下几点：

（1）同一厂家同一型号的商品，不论在什么终端，采购都是一样的价格，即在全国范围内一个价，渠道没有定价权；

（2）商品价钱组成结构合理（拒绝暴利）；

（3）渠道透明化，供应链透明化。

C2B模式，由商家依据消费者的需求来进行个性化设计或定制，是未来电子商务模式的发展目标。

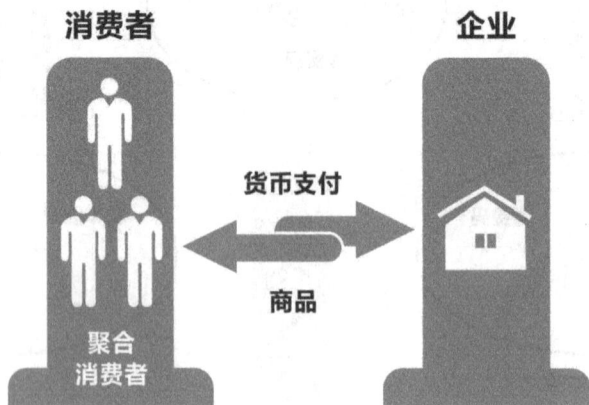

图2-7　C2B电子商务模型

社会在发展，电商产业的模式也一直在不断地更新，局势也是瞬息万变。社群电商、自媒体电商也在不停变换玩法。但无论是哪一种电商模式，以下三点请务必留意：

（1）确保足够的曝光量；

（2）确保供应链优势；

（3）做好客户服务。

把握好这三点，电商才能越做越远、越做越久。

案例拓展

大润发：从移动互联网和O2O切入电商

黄明端就实体业者怎么做O2O给出了如下意见：

大润发一是能够连接App，开启手机支付。这样就可以进行促销推广了，例如促销，推荐商品。

二是会员详细信息能够建立保存，把消费者的数据积累起来，用作数据营销的基础，坚持与客户的保持互动。

三是通过定位系统引导消费者采购。

四是采用图片搜索技术推荐同一种商品或相近商品。

五是连通线上线下的库存情况，通过电子屏让线上多样化的产品增补门店的不足，再使用手机进行下单，门店即可出货，建设线上线下一体化的O2O，打造全渠道经营。

第二节　电子商务模式的发展

2.2.1 电商模式的特点

1．环境不受限

人们能够不再被时间、空间限制，不被传统购物形式约束，随时随地都能够进行在线买卖活动，商家能够接触到更多的用户。

2．市场更宽广

互联网跨越了时间和空间的障碍，使商家能够面对全世界的消费者，而在全世界任何一个地方，消费者都可以买到东西。商家能够挑选特定区域和类别的消费者人群，在网上可以搜寻到多样化的消费者信息，并进行信息分析。

3．节约更多资源

电子商务从源头上有效减少了商品中间流通的环节，节省了一笔较大的开销，同时也使产品的流通成本和买卖成本大幅度降低。通过电子商务，企业能够更快地配置采购商，完成真正意义上的产供销一体化，能够大幅度节省资源，减少生产上不必要的浪费。

2.2.2 电子商务购物发展与现状

随着互联网的飞速发展、电脑的普及应用，一些传统的营销手段，已经难以应付当今的市场。而网购的出现，正好给传统企业提供了与平台对接的良机。

网络购物出现至今，虽然时间不长，几经浮沉，也经历了四个发展阶段。

第一阶段：网络购物的出现

我国的网络购物起步较晚，1996年产生了第一宗线上购物，买方是当时的加拿大驻中国大使。1998年，我国迈出了电子商务的第一步，出现了当当、卓越等一批具有代表性的B2C网站。在1999年底，我国从事B2C的网络公司多达300多家。但由于互联网普及度不高，物流跟不上以及无法保障支付等难题，让网购进入相对漫长的"冬眠期"。

第二阶段：网络购物的复苏

2003年的"非典"意外地为网络购物带来了"新纪元"。人们开始尝试这种足不出户的购物方式，并体会到了这种方式带来的便捷。人们在家中点击鼠标就可以买到东西，这让更多的人开始接受网上购物。这个阶段，淘宝网崛起，并成功超过了易趣网。

第三阶段：网络购物的高速发展

2005年商业银行创新，开展第三方网上电子支付，解决了让网民忧心的资金安全问题，基本取消了货到付款，网络购物的发展日趋成熟。2006年，一个包括多仓储中心、异地批量配送、本地单件快速送达的物流体系走向成熟，并在网络购物发展过程中扮演着举足轻重的角色。这个阶段已出现营业收入上亿的淘宝大卖家，部分企业开始关注海外市场。2007年初，我国线上购物市场迎来一段高速扩张的繁荣期，但也面临着产品质量差、网络欺诈、售后服务不佳等信用危机。同时面对这种高速增长，新时代网购市场的竞争更趋白热化。

第四阶段：网络购物的成熟与多元发展

在经历了爆炸式增长后，购物平台、企业、政府都进行了相关的建设与发展，促进了网络购物的规范化，使整体网络购物市场变得更加理性与成熟。

企业加强信息化建设。企业是电子商务的重点服务群体，在电子商务的市场占有率中，企业间的交易额仍占很大比例。更多的企业了解电商蕴藏的巨大潜力，同时加大信息化建设的硬件、软件及人力方面的投入。

多样化的电子支付。电子支付是达成电子商务的重要工具，也是确保交易畅通的重要环节。从阿里巴巴引入支付宝开始，到今天，各大公司各显神通，已开发出微信支付、百度钱包等支付方式，同时支持信用卡支付、一网通，还出现了蚂蚁花呗、京东白条等一系列先消费后付款的支付形式。

养成网购的消费惯性。2011年12月底，中国网民人数突破5亿，手机网民人数达到3.56亿。在线上平台进行网购的消费者年增48.6%，互联网的普及率达到38.3%。

满足互联网用户的互动需求。其他互联网用户对产品的评价是影响互联网用户购买网络商品的主要因素之一。消费者唯有在与消费者沟通时，才会最大限度地降低消费警惕性，其至转变为主动消费。社交网络服务（SNS）的"互动性""即时性"和"便捷性"让网友们共享消息，更大程度地消除网络购物的虚拟性，从而提高网络购物的成功率。

政府网络安全性。随着网络的普及，消费者信息安全、网上交易安全、网站运营安全对电子商务的稳定性、消费者对电子商务的信任度有直接的影响。从网络购物发展之初到现在，政府出台过相关办法、条例。《网络交易管理办法》于2014年3月15日施行，这一办法很大程度上保护了消费者的权利。保障信息安全还是国家重要策略。将互联网信息安全上升到国家战略的高度，足以见得政府对网购及其安全的重视。

2.2.3 跨境电商概述

跨境电子商务（Cross-Border-E-Commerce），是指关境归属不一样的买卖主体，经过电子商务手段进行消息交流、产品买卖和提供服务内容的国际性商业活动。跨境电商将传统进出口贸易的合同协商、订立、实行等环节电子化以节约成本，并通过跨境物流和异地仓储的形式，将货物送达，达成交易。

跨境电子商务是由三个部分结合而成：跨境电子商务平台、跨境电子商务平台。跨境电子商务平台用于产品内容信息的展示，提供在线购物服务功能，如速卖通、亚马逊和易贝等，跨境物流公司用于运输和配送跨境包裹，主要有中国邮政、DHL和UPS等，跨境支付平台则用于完成交易双方的支付。

按照进出口贸易分类，可分为进口跨境电商与出口跨境电商。跨境电子商务业务流程如图2-8所示。即指产品购进和产品外销，时下的"海淘"即是典型的跨境电子商务零售进口商业活动，用户多通过手机端购买境外商品。随着百姓生活水平的提高，进口跨境电商的发展也日益升温。

1. 跨境电子商务基础

在全球化和互联网的影响下国际贸易形式正在发生转变，传统的国际商品贸易不断网络化、线上化，从线上获取商机的外贸企业愈发多，跨境电子商务也应运而生。

跨境电子商务在国际贸易中的占比越发高，比线下贸易模式的增长速度还要快。随着互联网的性能提升、中国制造的更迭升级，电商化在国际贸易中必不可缺，跨境电子商务潮流已无法阻挡。

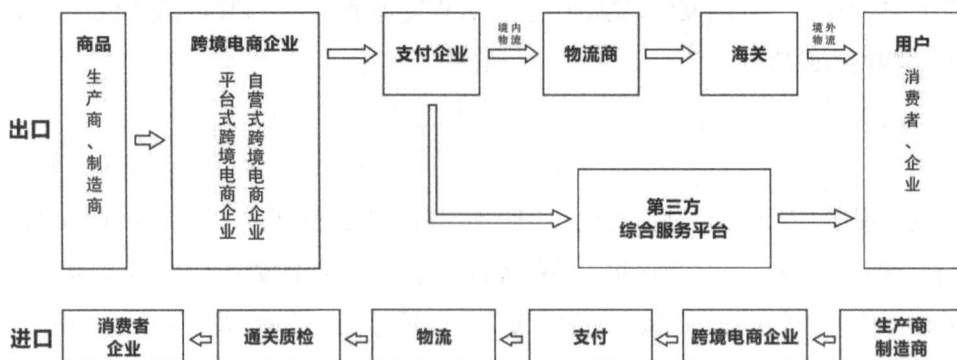

图2-8　跨境电子商务业务流程

实现"全球买，全球卖"指日可待，全世界的企业与消费者都能够在互联网上构成一个生态圈，商流、信息流和电商平台的物流将把全世界连接起来。到时会有更多的国家、企业和消费者加入跨境电商模式的新一轮贸易中来。不仅是越来越多的世界发达国家和发展中国家都会加入这一新兴的贸易体系，全球历史上新的贸易阶段正在降临。

2. 跨境电子商务生态圈

为了更全面地了解跨境电子商务基础的概念，我们通过跨境电子商务的生态圈来认识跨境电子商务。在全球化和互联网的影响下，国际贸易已然不是传统的链条式构造，而是以网状结构出现。在不同的国家地域的贸易活动中，由于地区距离，各方的市场和法律体系不同，跨境电商常常需要多个商业角色来完成交易流程，以跨境电商平台为核心，由卖家、买家、服务商、政府监管机构五个方面的参与者一起组成一个典型的跨境电子商务生态圈，如图2-9所示。

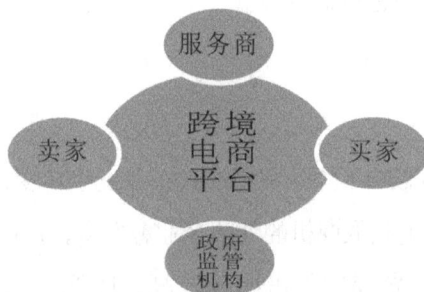

图2-9　跨境电子商务生态圈

3. 跨境电子商务的发展历程

（1）跨境电商1.0阶段（1999—2003年）

跨境电商1.0时代的主要商业模式是线上展示，线下交易的外贸信息服务模式。这个阶段跨境电商平台主要为企业提供信息与产品线上展现服务，不涉及任何买卖环节。

此时的盈利方式多数是通过收取会员费（例如，按年收取服务费）。跨境电商1.0阶段，盈利方式逐渐转变为为供应商提供一站式信息流增值服务、竞价推广、咨询服务等。

在跨境电商1.0这个阶段，较为典型的代表平台就是阿里巴巴国际站和环球资源网。阿里巴巴成立于1999年，是我国最大的外交贸易信息平台之一，以提供互联网信息服务为主，线下买卖活动为辅。环球资源成立于1971年，曾用名Asian Source，是亚洲比较早提供贸易市场信息内容的机构之一，2000年4月28日在美国纳斯达克证券交易所正式挂牌上市。

当时以提供信息供需交易为主的中国制造网、韩国EC21网、Kellysearch等大量跨境电商平台陆续展现头角。跨境电商1.0这个阶段虽然通过互联网解决了中国如何向世界买家提供贸易信息的难题，但其仍不能独立实现线上交易，以至于外贸电商产业链的流程结合也只是停留在信息流整合环节。

（2）跨境电商2.0阶段（2004—2012年）

2004年，跨境电商2.0阶段到来，在这一阶段，跨境电商平台开始摆脱简单的信息黄页展示，将线下买卖行为、支付、物流等进行电子化，逐步形成线上交易平台。

跟第一阶段对比，跨境电商2.0表现出更为明显的电商特点，基于电商平台，通过资源整合打通上下游供应渠道，包含了两种电商模式：B2B、B2C。而在跨境电商2.0阶段，B2B是跨境电商主要采用的模式，通过与中小企业商家直接交流，进一步缩短产业链，从而提升商品销售的盈利空间。

在跨境电商2.0这个阶段，第三方平台在完成收益多元化的同时完成后向收费形式，将原先的"会员制收费"更改为收取"买卖佣金"，也就是依照买卖成果收取提成。同一阶段，支付形式、物流服务等也通过线上平台上的营销取得部分增值收益。

2004—2008年：游戏币消费用户众多，准确来说，是在eBay、亚马逊上售卖游戏币的海外留学生用户开展线上业务。大龙网最初也是做游戏币的，通过卖游戏币赚到人生第一桶金的用户非常多。2006年后，网络游戏不再盛行，eBay2007年便表示不再提供虚拟的游戏币买卖服务，所以这一阶段跨境电商也随之没落了。

2007—2012年："跨境电商"这个词到处都可以听到。国家也开始重视跨境电商，相继颁布规定，各个地域政府对其保护力度也逐渐增强，所以竞争也是愈发激烈。而且传统行业也开始转型参与这一赛道，线下供应渠道、物流企业、各类服务商以及越来越多的阿里卖家齐齐涌进速卖通。

4．跨境电子商务的发展现状

跨境电子商务成为外贸行业的一匹"黑马"，成为推进我国外贸增长的重要动力，在国家"一带一路"倡议和自贸试验区等国家战略背景下，据不完全统计，当前我国通过各类平台发展跨境电子商务的外贸企业商家超出200万家，B2B和B2C两种买卖形式共存、互为补充，有效提高市场活跃度。

（1）市场规模

中国跨境电商行业的发展遥遥领先于其他国家和地区，根据智研咨询发布的《2022—2028年中国跨境电商行业投资潜力分析及发展前景展望报告》显示，2021年中国跨境电商行业交易规模达到14.2万亿元，同比增长13.6%；在进出口结构上，跨境交易B2B占比77%，B2C占比23%。

（2）主要发展形式

跨境电子商务是指传统国际贸易通过互联网及其有关信息平台，不同国家地域之间的买卖双方实现网络化、电子化，完成网上零售、批发的一种新式国际贸易形式。当前跨境电子商务的发展形式主要有三种：一是通过大型跨境电子商务平台拓宽传统制造业、商贸企业的销售渠道。网站发布商品信息，寻觅商机，发展线上平台大额或小额在线支付的国际商业外贸交易业务。二是在第三方跨境电子商务平台开设店铺，将商品以网上零售的形式通过这些平台销往境外企业及全世界的终端客户。三是企业建设单独的跨境网站，直接将产品以网上零售的形式销售给全世界的终端消费者。

（3）通关物流及支付方式

在跨境电子商务运营中，线上批发经常使用邮政汇款、银行转账、信用证等传统的通关物流和结算形式，而近年来也开始摸索大额第三方支付形式如何实现网络化、电子化近年来也开始在网上进行摸索。线上零售多数是使用商业快件与个人邮件为主的过关物流形式。在线惠售结算使用的是线上结算形式，包含刷卡缴费，第三方支付、邮政汇款、银行转账等多种缴费形式。

（4）检验检疫、结汇与退税情况

线上平台批发因为同传统贸易在进出口经营者身份备案、国际买卖真实性检测、支付结算、检验检疫、通关、物流等流程采用统一的形式，所以结算汇款、退税均遵循传统的国际商业贸易方式实施。但由于线上零售以个人寄件、商业快件等非货品物流贸易形式进行通关配送，以线上零售交易订单、第三方支付等形式保障买卖合同的真实性，同时进出口贸易商户也不一定进行进出口经营者备案，因而检验检疫部门难以使用正常的贸易方式给予检验检疫，海关也不能够出示相关的商业贸易通关单据，故企业难以进行正常的结汇和退税。

2.2.4 跨境电商的模式

跨境电子商务商业形式能够依据交易主体、服务类型以及平台经营方加以分类。熟悉跨境电商经营模式，有助于加深对跨境电商行业认识。

1. 按交易主体分类

依据买卖主体的不同，跨境电子商务能够分为三大类：B2C跨境电子商务、C2C跨境电子商务B2B跨境电子商务。

（1）B2C跨境电子商务

B2C跨境电子商务是指分属不一样的关境企业，面对面向消费者实施商品和服务的在线销售，通过线上平台完成买卖行为与支付结算，经过跨境物流将商品进行配送运输并达成交易的一种国际性运营活动。

B2C跨境电子商务平台中极具代表性的有：速卖通、亚马逊、eBay、Wish、兰亭集势、敦煌网等。

B2C跨境电商的形式主要有三种，即保税进口+海外直邮模式，直营+招商模式，以及直营模式。

①保税进口+海外直邮模式。

保税进口+海外直邮模式最典型的代表就是亚马逊、天猫、1号店。亚马逊平台商家类型分为专业卖家和个体卖家，专业卖家按39.99美元/月，个体卖家按0.99美元/笔收取佣金。

亚马逊也会按照商家卖出的商品类型而收取不同比例的手续费。亚马逊在全球各地的保税物流中心都配置了自身的跨境物流仓储，在世界各地都有着自身完好的物流配送体系，这便是亚马逊与天猫、1号店最大的区别。

②直营+招商模式

直营+招商模式发挥了企业最大的天然优势，如苏宁剖析自身整体状况，发挥供应链、资金链的优势以招商的形式完善自己的不足，苏宁还通过全球招商补充国际商业资源的不足。

③直营模式

"直营"是指跨境电商企业直接参加海外的产品买卖全过程，如洽购、物流、仓储等，自带物流监控和电子支付。直营模式的典型代表比如聚美优品，通过整合全球供应链，直接参加到洽购和销售的过程中，首创海淘自营模式。2014年，聚美优品在河南保税物流区自建自理仓，大幅度减少了产品的配送时长，且能够全程跟踪物流消息。

（2）C2C跨境电子商务

C2C跨境电子商务通常是分属不同关境的个体商家对消费者展开的线上销售产品和服务，由个人卖家经过第三方电商平台发布产品内容消息和售价等，消费者进行筛选，最终通过线上平台促成订单成交并进行支付结算，利用跨境物流将产品进行运输配送并达成交易的一种国际性运营活动。典型的C2C跨境电商有淘宝全球购、淘天下、洋码头扫货神器等。

（3）B2B（Business to Business）跨境电子商务

B2C跨境电子商务通常是表示为分属不同关境的企业之间利用线上平台完成买卖活动，给予支付结算，经过跨境物流将产品运输送达并达成买卖的一种国际性运营活动。

B2B跨境电子商务中极具代表性的有敦煌网、阿里巴巴国际站、环境资源网等。

B2B跨境电子商务平台的形式主要有以下两种：

①"交易佣金+服务费"模式

采用免费注册，商品资料免费展示，只收取交易提成的模式。采取单一佣金费率模式，按照平台类目分别设置固定的佣金收取比例，实行单笔订单金额达到一定金额即按统一标准收取的阶梯佣金政策。平台还为商家提供开店、经营、营销推广等一系列服务，平台从中收取一定的手续费。

② "会员制+推广服务"模式

主要为商户提供商品或服务交易平台、信息收发等服务，针对不同的目标企业，以收取会员费和服务费的方式运营。

2. 按服务类型分类

跨境电子商务平台按服务类型分为信息服务平台和网上交易平台两大类。

（1）信息服务平台

信息服务平台主要是为国内外会员商户提供供应商或采购商及其他商户的商品或服务信息，促使交易双方完成交易的网络营销平台。代表企业有阿里巴巴国际站、环球资源网、MadeChina等。

（2）网上交易平台

网上交易平台不仅提供企业、产品、服务等多方面的信息展示服务，还能通过平台在线完成搜索、咨询、比较、下单、付款、物流、评价等购物全链条。在跨境电商中，在线买卖平台形式正逐渐成为主力军。代表企业有敦煌网、速卖通、帝科思（DX）、米兰网、大龙网等。

3. 按平台运营方分类

按平台运营方划分，跨境电子商务平台分为第三方开放平台、在线交易平台以及外贸电商代运营服务商模式。

第三方开放平台即提供统一销售的第三方平台。平台连接作为卖家的国内外贸企业和作为海外买家的消费者。第三方开放平台为外贸企业自主交易提供信息流、资金流和物流服务的中间平台。平台以收取商户提成和增值服务提成为主要盈利模式。代表企业有速卖通、敦煌网、环球资源、阿里国际站等。

2.2.5 国际电商与国内电商的差异

国际电商与国内电商的差异体现在以下三个环节：

1．业务环节

跨境电子商务：业务环节比较烦琐，必须通过海关清关、检验检疫、结汇、出口退税、进口征税等多个业务环节。在产品运输途中，产品需要途径邮政小包、快递物流等多种形式出境，产品从出售地到境外消费者手中，需要很长一段时间。路途较为遥远，产品易受损，且每个国家的邮政派送能力不同，邮包数量剧增也易造成贸易摩擦。

国内电子商务：业务环节简单，以快递方式将货物直接送达消费者，路途近、到货速度快、货物损坏概率低。

2．交易主体

跨境电子商务：其买卖主体是属不同的关境主体，比如境内企业对境外企业、境内企业对境外个体或境内个体对境外个体，买卖双方主体遍及全球，购物习惯、日常风俗，文化心理等方面有所差异，所以跨境电商要想做好国际化的流量吸引，需要详细了解营销活动、国外本地品牌，要对国际贸易、互联网、分销渠道、消费者行为等有深刻认知，具备"当地化/本土化"的思想。

国内电子商务：国内电子商务交易主体一般在国内，国内企业对企业、国内企业对个人或者国内个人对个人。

3．交易风险

跨境电子商务：跨境电商买卖活动交易双方所在国家地区不同，各个国家法律也不一样。当前，跨境电子商务市场上存在许多低附加值、无品牌、质量不高的商品和仿冒品，侵犯知识产权等行为经常发生，因此很容易引起知识产权纠纷，而后续司法诉讼、补偿等都需要较长的时间去处理。

国内电子商务：国内电子商务买卖活动交易双方在同一国家，买家与卖家对品牌名称、商标等知识产权有着一致的认知，因此产生的侵权纠纷也比较少，即使出现纠纷，其解决时间也较快，解决形式较为多样。

第三节 电子商务盈利模式

2.3.1 电子商务盈利模式的概念

盈利模式是一种探索企业利润来源、生成过程和产出方式的系统方法，是关系到企业经营成败的关键要素，企业在经营实践中的盈利模式可分为广义和狭义两个层面。

1. 广义

盈利模式是企业在运营过程中确立的以盈利为目的的业务结构和商务结构。

商务结构（Business Structure）指的是一个企业或组织的组织架构、管理体系以及决策层次结构等。商务结构描述了一个企业在内部的组织和运作方式，包括各个部门的职责和关系，以及管理层和员工之间的沟通和协作模式。商务结构对于有效地管理和运营企业至关重要，它决定了信息流动、决策制定、资源配置等方面的效率和效果。

业务结构（Business Model）指的是企业或组织在市场中提供产品或服务的方式和策略。业务结构描述了企业如何创造、交付和捕获价值，以实现盈利的方式。它通常包括产品或服务的特征、目标市场、定价策略、销售渠道、竞争优势等方面的内容。业务结构对于企业在市场中获得竞争优势和盈利能力至关重要，它决定了企业如何与客户互动、如何营销产品或服务以及如何获取利润。

2. 狭义

盈利模式是企业较为稳定和系统的盈利途径和方式。本书所说的电子商务盈利模式是指狭义的盈利模式。

电商盈利途径指电商商家可以为消费者提供价值，并且电商商家和其他参与者可以分享利益的有机体系。盈利模式包含产品流、服务流、信息流、资金流等要素，是跟企业如何利用互联网盈利的互联网去的盈利的战略归纳，同时也是影响企业竞争力的关键因素。

2.3.2 电子商务盈利模式的分类

1．产品买卖型盈利模式

以产品买卖型盈利方式为主的商家目前有两类：

一类是以生产为主的电商企业，即传统制造企业商业化运用互联网环境，使用计算机和互联网、企业内联网和企业外联网，将买家、卖家、供应商和同伴全方位连接起来的一种运用。电脑公司（如惠普、戴尔等）和家电公司（如海尔）使用此种盈利模式。

另一类是电商零售企业，以交易为主导。如亚马逊、当当、凡客诚品、1号店等网上零售商，都是在网上交易实物商品。这类模式提高价值链中的许多经营活动的效率，降低成本，在这个基础上给消费者提供了价值，创造了利润点。

2．服务供给型盈利模式

与产品买卖型盈利模式不一样的是，这种模式并不是为了大量地制造某种产品，而是为了满足客户的个性需求而提供某种服务，且由消费者预先买单。

举例来说，当旅行服务代理商收到顾客的服务要求时，他首先要确定顾客的需求是什么。与传统的生产行业大多数客户的需求统一不同，旅行社的客户可能选择的交通工具不同（如飞机、火车、汽车、轮船），去往的城市不一样（如北京、西藏、云南），所对应的服务要求也不一样（如住宿、向导、餐饮、购物），旅游代理的处理方式也比较多样。按照基本的盈利模式观点来看，这种属于第二种模式（先收费，后提供产品或服务）。

3．基于信息交付的盈利模式

典型例子就是中介服务，中介可以使需要交易的两个或两个以上的客户之间产生联系。它是经纪业务演变的结果。中间商把买卖双方结合在一起，提供交易双方的信息，如果买卖双方都觉得对中间商有确定的价值需要，中间商就能获得利润。

从取得收入的方式上来看，此种模式有别于上述两种模式，收费主体并不是买卖中的任何一方，而是为买卖双方的提供交易信息的第三方，第三方通过收取服务费获得收入。

4. 新型的电子商务盈利模式

（1）区域化、垂直化子站加盟模式和渠道共建模式

电商发展日益成熟，精细化的电商会向区域性发展。区域性的电商更容易与本区域的客户建立起商业信用，物流成本也会越加节约。同时，垂直电商因为明确表现了行业个性，得到了众多客户的认同。但细分网站的经营要求相关地区和行业具备更多的人力资源，自主经营成本过大，以至于产生了分站加盟，频道共建的形式。

中国化工网的模式就属于垂直型电商模式。中国化工网联合网盛科技推出招商加盟行业网站，和多类行业的企业共同建立行业网站，通过网盛科技的技术、品牌和网站营销，联合打造百家行业网站，流量高、收益高。

（2）无线增值服务

无线增值业务是指除语音外，基于移动通信网络的数据业务。随着中国无线增值客户的不断增加，当前运用该业务的移动设备客户约占80%，无线增值服务收入的增长水平已超过了其他电信业务的增长水平。电商如果想往高端化的发展，那么也离不开无线增值业务的支持。

案例拓展

2021年国内最早涉足无线增值领域的企业之一的北京掌上通网络技术股份有限公司（以下简称掌上通），其在无线增值板块的利润达到338.91万元。2005年8月，掌上通与国内最大的机票代理商大连华迅国际运输有限公司（以下简称华迅）合作，推出了提供华迅掌上通商旅网上业务。这个服务系统与我国多家航空公司达成了合作，实时对接民航局订座系统，将航班时间表、剩余舱位数量、舱位折扣、价格、退改签标准规定等信息进行展示，并提供实时查询、实时售票等服务。所以，掌上通的业务将转移重点发展电子商务的无线增值业务，并且取得了突破性的进展，于2011年7月8日在新三板挂牌（股票代码：430093），曾获"新三板最具成长挂牌企业"荣誉。

2.3.3 电子商务盈利模式所面对的风险

1. 产品买卖型盈利模式所面对的风险

（1）购物观念

电子商务行业商品交易活动的顺利开展，需要培育出一个合适行业发展的社会环境，消费者通过线上平台采购大件产品的概念还较弱时，顾客需要看着买、摸着买的传统购物习惯还需要一段时间来改变。

因而，国家立法机关和行政主管部门应制定新的电子商务市场标准法规，弥补现有法规不足、建设完善的信用体系，以此消除消费者线上消费的疑虑；再来则是，企业应该正确看待新用户的数量与类型划分，发掘潜在的重点用户，多花费功夫吸引和培育新的有价值的客户。

（2）物流配送问题

电商的一大特征是，消费者足不出户，只用轻点鼠标，就能淘到称心如意的商品。而为了达成这一目标，必须配置完整的物流配送体系作为支持。我国物流行业起步较晚，很多电商不得不自建物流配送体系，但要投入大规模的资金和人力，这对于资金周转本就艰难的电商企业来说更为艰难。

目前，很多电商在物流配送上不得不借助第三方物流，将企业配送与之结合。一些大型企业，尽管建设了物流信息系统，但仍然没有完备的产品终端配送系统，而传统的销售形式又是经销商模式，因而会向消费者收取部分的单件商品或低价值产品的运输费用。特别是送货至较为偏僻的地区，一是会收取额外的费用，二是送货时间可能会发生延迟。

（3）标准问题

如今，在产品买卖型的电商活动中，电子商务系统互相之间的兼容性不足，因为每个供应商和采购商日常运用的不是一致的条形码、数据库和平台。于是，企业电商平台的商业功能在经营上就打了很大的折扣。

所以，相关部门需要对电子商务各个系统在整个价值链中的每个角色的进行一致的整合，制定规范标准，这样才可以全面发挥电子商务平台的功能。

（4）商品定价

价格的合理与否会直接影响到产品或服务的销量，以厂家为主的电商企业，尽管能通过电商平台大幅度减少其产品的生产成本和销售成本，但由于其产品大多数都是统一定价，销售定价不会与传统经销商的售价相差太多，否则这会对传统经销商的利益造成影响。

或者说，线上平台定价优势不够实惠抹杀了线上销售的大部分优势，这限制了企业电子商务的发展。

2. 服务供给型盈利模式所面对的风险

（1）服务收费观念

与线上购置实物产品一样，因为我国电子商务发展的社会环境有待完善，客户购置服务的意识不足，使用线上平台购买服务的意识需要提高。从传统习惯来看，客户都存在一种理所当然的不收费心态，尤其是网络服务。

另外，中国在保护知识产权这方面已经有了很大的进步，然而仿冒的情况还是存在的，有关部门需要进一步加强管控。

（2）服务定价问题

正常来说，以服务为主导的电商企业为其用户提供的网络服务，既包含不收费的线上办事网络服务，也包含了增值服务的收费网络服务。对于服务的定价，目前各个企业基本上是根据自身的情况独立制定价格，上级主管部门如何实现有效的监管，需要在实践中加以检验。

（3）盈利模式的易模仿性

因为使用服务供给型盈利模式的电商企业全都使用互联网这一渠道，同行之间的互相竞争、仿冒现象颇为严重。

因此，当腾讯的QQ在即时通信范围不断上演"神话"的同时，腾讯也不得不思索在服务板块上的一些潜在问题以及将来长期的开展目标。尤其是手机QQ的推出，让腾讯在服务外延上占据了主动权。

3. 信息交付型盈利模式所面对的风险

（1）经济情报获取能力的高要求

使用信息交付型盈利模式的电子商务企业，在从事某项商品的中介业务时，要熟悉有关商品的专业知识和信息，因此，这对这类电子商务中介企业专业经纪情报获取能力提出了非常高的要求。阿里巴巴旗下的B2B电商模式平台可以说是成功的。

阿里巴巴创始者马云在1995年至1997年开创了中国首家互联网商业信息发布站"中国黄页"，并于1997年至1999年加入中国国际电子商务中心，2008年成功创立了国富商通信息技术发展股份有限公司，隶属商务部中国国际电子商务中心。后来，外经贸部官网、线上中国产品买卖市场、线上中国技术出口交易会、中国招商洽谈会、网上广交会、中国对外经济贸易洽谈会等一系列网站陆续开发。马云于1999年在杭州自立门户，设立了研究发展中心，并创建了阿里巴巴网站。可以说没有多年的经验积累，就没有阿里巴巴今天的成功。

（2）收费问题

中介对中介信息收费是无法避免的趋势，但收费是否就一定能够实现盈利，答案显然是否定的。淘宝网推出"招财进宝"就是一个明显的例子。淘宝利用不收费优势从eBay抢得近70%的市场份额。

不过，即便平台聚集了大量用户，若无法得到任何收益也不能视为成功。当使用淘宝的用户到达一定数量后，淘宝需要处理的事情也逐渐增加，不收费的方式已然无法成为推动淘宝用户增长的原动力，也不能成为市场竞争的杀手锏。

2006年5月，"招财进宝"是淘宝为卖家提供的一种增值服务，通过竞价排名的方式进行推广，使其获得更多的成交额。但这一协作方式的推出，却引发了近5000名卖家联手罢市的现象，让淘宝不得不叫停此项服务。所以什么产品需要收费，如何收费，这不仅仅是淘宝一家，也是很多电子经纪人迫切需要解决的问题。

（3）信用问题

中介网站还有一个重要因素需要处理，那便是买卖双方的资信要素。市场经济就是信誉经济，网络经济也是如此。所以说，中国的阿里巴巴在这方面做得很好，将自身的新用户注册信息库和公安的信息库连接起来，解决了信用问题，同时还能够验证用户信息的真实性，保障了买卖活动的可信性。

这也是它能够成长起来的核心竞争能力。此外，在线上平台买卖后，买卖双方都能自由的相互评价此项买卖，用作下次参加其他买卖时的信誉参考，也对交易者的败德形成了强有力的约束。

2.3.4 电子商务盈利模式应用的具体措施

1. 产品交易型盈利模式应用的措施

第一阶段，企业利用企业资源布局系统（ERP）、业务流程重组（BPR）等系统在企业内部实现电子商务化。第一，企业运营成本减少（如加班费用的减少），管理费用减少，产品生产成本减少（如原材料、产品库存的降低）；第二，可以使企业内部的生产效率、资金利用率得到提升，有效缩短产品的生产、研发周期，企业的竞争力得到提高。

第二阶段，通过企业线上平台，完成电子商务的对外经营。一是通过线上平台直接销售的形式扩大商品销售收入，并且通过客户关系管理系统与客户进行充分的沟通，拉近企业与消费者双方的距离，了解并满足消费者的个性需求，同时也使企业的销售目标愈加清晰。二是升级供应链，使企业与上下游企业形成动态的联盟关系，从而达成提升企业竞争力的目的。

第三阶段，企业能够完整地展现企业雄厚实力，利用电子商务的开展树立起企业的形象，从而获得无形的资产，积累品牌效应。

2. 服务销售型盈利模式应用的措施

第一阶段，搭建企业电商线上平台，提供不收费的在线服务或数码产品，以此聚拢"人气"，吸引海量用户。当平台用户到达一定的数量后，仅凭"知名度"，通过在线广告就能获得收益。这一阶段首要工作任务是为整体的销售模式创造收益打好基础，为形成客户价值提供可能。其业务目标仅仅是对平台的运营进行保障和维护。

第二个阶段，当其平台用户量到达一定规模并持续稳定增长的时候，单单靠网络广告的收入是远远无法保证企业的正常运营与发展的。通常此时的电商企业会对原有的不收费服务或部分不收费服务收取额外的费用，这样一来网站的营收渠道就会增加；同时，也能挖掘出真正对企业有价值的核心客户，有效减少因用户数量增长过快给网站带来的压力。此阶段的商业目标是实现盈利。

第三阶段，电商企业优化管理服务，细分用户群，收集不同用户群的特点和需求，通过有针对性地为各个不同用户群提供新的增值办事服务，在获得高额收入的同时，愈加精准地满足用户的个性需求。此时的运营目标就是使电商企业获得长远发展，在竞争激烈的情况下维持企业的竞争优势。

3. 信息交付型盈利模式应用的措施

第一阶段，搭建电子商务网站。通过免费提供商业信息来吸引会员，当线上平台的会员到达一定数量后，通过在线广告的方式进行收费。

第二阶段，在平台用户量到达一定规模并持续稳定提升的情况下，该电子商务企业就会对用户群体进行细分，有针对性地提供新的增值服务，同时对一开始不收费或部分不收费的信息收取额外的费用。所以，只要收费合理，平台上的用户还是非常乐意接受的。

另外，由于中介电子商务企业通常还需要为交易双方解决信用问题，因此，中介网站还可以通过"第三方担保"和"用户评级"来获取更多利润。会员制收费方式提供的服务内容包括线上店铺出租、公司认证、产品信息介绍等，多数适用于B2B电子商务网站，是线上买卖活动平台为企业提供的套餐式增值服务。

考证知识点指引

鉴定范围	知识点	中级电子商务师	高级电子商务师
电子商务模式基本知识	电子商务基本模式	√	√
	电商模式的特点	√	√
	电商购物发展历程	√	√
	跨境电商概念	√	√
	跨境电商发展历程	√	√
	跨境电商的模式	√	√
	国际与国内电商差异	√	√
电子商务盈利模式知识	电商盈利模式的概念	√	√
	电商盈利模式的分类	√	√
	电商盈利模式的风险	√	√
	电商盈利模式的应用	√	√

本章实训

请以实训小组为单位，根据课文关于电子商务模式的介绍，每个小组至少举出3种电商模式的现实案例，并对案例进行知识分享。分享的核心内容为：（1）该平台是什么模式？（2）该平台在行业中的影响力如何？（3）该平台的盈利模式是什么？

第三章

主流电商平台与农村电商

📊 **知识目标**

了解主流的电商平台

了解电商平台的人群客户定位

了解电商平台的合作要求

了解农村电商的发展和趋势

📊 **能力目标**

掌握电商各平台的业务流程

掌握电商平台的人群客户定位

掌握电商平台的入驻与运营基本技能

🖥 **章节引导**

电子商务平台是交易双方在互联网上进行交易活动的虚拟网络平台，平台通过协调、整合信息流、资金流等使双方顺利达成合作。如今，主流的电商平台有天猫、京东、苏宁易购、微信小程序、抖音商城等，每个平台都有其自身的优势，也存在着相应的劣势，需要各公司的运营人员结合自身产品的特点，选择合适的电商平台进行入驻。在申请入驻之前，务必详细了解各平台的入驻规则，并且规划好店铺的名称、类目等信息，使得入驻平台的过程更为顺利，提高入驻的成功率。

广东电商精准扶贫工作覆盖超百万贫困人口

作为电商大省、互联网大省，广东在电商扶贫方面有着独特的资源、技术、市场等优势。

优质产品"出圈"

贵州深山里，相貌平平的刺梨"出圈"了。"刺梨为我带来柴米油盐，我为刺梨盛装代言。"资深刺梨种植专业户杜礼才，如今成了刺柠吉新农人，"今年家里刺梨地超过六七十亩，收成是去年的三倍，收入增加了七八万元，日子越过越好。"

为助力贵州脱贫攻坚，广州医药集团有限公司科研队伍98天内高效研发刺柠吉高维C饮料，以王老吉品牌快速走向市场。同时，打通电商链路，进驻天猫、京东、拼多多等平台，更有知名主播带货。如今，贵州受益农户超21.7万人，今年刺柠吉预计实现5亿元销售目标。

电商达人进村

"我们读书是为了家乡脱离贫困，不是为了脱离贫困的家乡。"在抖音，茂名"荔枝大王"品牌创始人陈小敏发的视频引来不少网友点赞。10年前淘宝网店正兴起，身处广州的陈小敏开始在淘宝帮家里卖荔枝。初尝电商红利，陈小敏有了更大的愿望：帮助周边贫困户卖荔枝，解决大家的收入问题。2015年，他辞去教师的工作，返回茂名高州老家打理荔枝园。从淘宝到微商，再到社区团购，荔枝线上销量连年递增。与此同时，线下荔枝全链条供应链逐步建立。

在梅州大埔县西河镇上黄砂村，昔日贫困户陈银子已成为村民心中的带货能手。自从去年参加了大埔县电商人才培训，她成了上黄砂村第一个吃螃蟹的贫困户——成为带货主播。

凭着在直播间诚恳风趣的语言和售卖的优质产品，她逐渐成为当地小有名气的"网红"。如今，她已帮村里卖出1000多斤玉米。

近年来，广东全省各地开展各类电商培训，充实农村地区电商人才队伍。

案例思考

（1）电子商务的发展，为偏远地区的优质产品带来什么影响？

（2）你认为如果你开一家网店销售家乡的特色产品，更适合在哪个电商平台？

知识导读

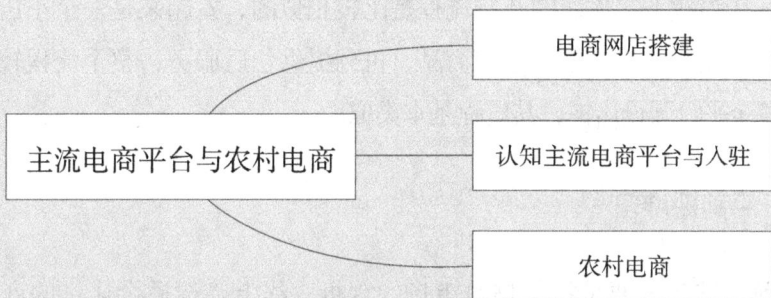

第一节 电商网店搭建

3.1.1 开店前的准备工作

线上开店跟线下实体店的开店流程是比较相似的，看起来是一个小店，却需要从店铺策划开始，装修店铺、上架商品，再到提供售后服务，整个流程较长，不管用户选择哪个平台开设店铺，其流程基本类似。

1.开店前期准备

开店前期准备主要是指依据对市场的剖析，线上筛选适合店铺的商品进行销售，并寻找适宜的供货商和物流企业。选择物美价廉又有特点的适合在线上销售的商品，这是网上开店的基础和前提。同时，在网购平台上开店所需的相应资料也需要提前准备。

2.确定开店的方向

在分析完整个行业的数据及产品数据之后，就可以确定开店方向了，开什么样的店铺代表进入什么行业。每个类目都有其运营优势和劣势，大类目有更多发展空间但经营起来很辛苦，小类目经营起来较轻松但发展空间有限。

在正式推开淘宝这扇大门之前，商家一定要慎之又慎地选择自己要开的店铺，根据自己手头已有的资源进行匹配。踏入一个陌生的领域前要做好苦战的准备，最好是对供应链有控制力，这样开起店来才能后顾之忧。

3.店铺定位

店铺注册以后，时不时地按照自身的偏好来选择更换什么类目的产品，是某些新人卖家在刚起步时常有的操作，他们总会优先选择自己感兴趣的商品。尽管这只是一种选择模式，选择感兴趣的商品可以让自己经营得更有生机，然而产品是需要对外面向消费者和市场的，并不是自己感兴趣就可以，建议多通过阿里指数和生意参谋了解当前市场上的产品及其受众人群，寻找适合店铺运营的商品。

4．开设店铺并完成装修

申请成功后，就可以着手装修和管理店铺了。装修和管理店铺是一个琐碎的过程，包括店名设置、店招设置、商品分类、商品导航、岗位管理、物流管理等多项内容。其中，店名的确定和商品类目的决定是这一阶段较为重要的任务，好的店名能让消费者产生好感，留下记忆，而商品类目则与往后店家的运营效果有很大的联系。

网店装修，包括人们进入网店网页看到的一切内容，网店装修与实体店装修的最终目的相同，就是给用户舒适的购物体验。在进行网店装修时，店主应考虑全面，包含网店的商品类型、商品定位等，力求商品与店铺完美统一。

（1）认识网店装修的内容

淘宝店铺里可以装修的内容一般包括店铺招牌、导航、商品分类导航、图片轮播、详情页说明和其他模块。下面分别进行介绍。

店铺招牌：即店招，位于店铺页面最上方，多用于店铺宣传，包含店名，也可设置部分文案内容和商品图片。

导航：导航多放在店铺logo的下方，用来简单分类店铺商品。如服装店导航设置"新品""上装""下装"等。导航能够帮助买家快速跳转到专门的分类页面去。

商品类目导航：一种将商品类目分类的导航，作用是便于购买者对所需商品进行准确地寻找。当商品经营类目较丰富时，可以设置商品分类导航。

图片轮播：作用是播放店铺内的产品图片，热销品、新品、折扣品等都可以放置。在店铺中添加图片轮播模块后，进入店铺主页即可自动放映所设置的图片。

（2）选择店铺风格

店铺的风格是店铺的主要基调，一般要与店铺所经营商品的属性相适应。在淘宝网中，可通过配色、页头和页面等对店铺风格进行设置。

（3）设置分类导航按钮

为了让客户更清晰地知道本店的商品内容，快速查看需要的商品类型和商品款式等，一般需要对商品进行分类。

（4）PS在店铺装修中的使用

PS是Photoshop软件的缩写。它在店铺装修中的作用非常大，不管是拍摄的商品照片，还是店铺装修部件的制作与美化都需要使用这个软件，它可以对图片进行调色、布局设计、添加文字和污点处理等各种美化。

前面上传的店标、商品图片和分类导航图片基本上都是用Photoshop软件加工过的。找到的图片素材都需进行二次加工。现在电子商务迅猛发展且竞争激烈，很少看到有图片未经处理就直接放在店铺中的。其中Photoshop发挥的作用非常大。

PS在网站装修和美化过程中还经常被用于制作商品详情页，最初淘宝上的店铺商品详情页的制作方式都是直接在文本框中输入文字，然后插入图片。但后来，一般的商品详情页的制作方式都是直接在PS中将图片和文字内容规划好，然后将这些内容按屏幕的尺寸进行裁切，再逐个插入。这样可以首先在PS软件中对详情页进行整体设计并查看整个详情页的效果，使商品最终展示效果达到商家要求。

（5）进货

开店卖货必须有商品，采购分为两种，一种是实体采购，一种是网络采购。对于进货这个阶段来说，低价进货，控制成本是很关键的。所以想要做好采购，就务必要挑选好采购渠道，与供货商保持良好的合作关系。

线上产品有多种进货渠道，供给商品批发服务的有阿里巴巴、慧聪网等多家批发网站。线下实体批发市场也可以进货，或者直接从厂家进货等等。货源的好坏、性价比和个性化等是一个店铺能否成功的重要因素。

对于初涉淘宝等电商的人员来说，虽然第五步是进货，但在实际运作过程中，可能找到合适的货源才是第一步。由于淘宝市场容量大，进货渠道也是多元化的，不可拘泥于一个领域，网上也有很多自制手工产品的成功案例。找到合适的、有竞争力的货源是开店经营的基础。

①实体档口型采购

实体档口是很多大型淘宝店铺最初寻找货源的地方，实体档口型采购主要集中在各个产业的批发集中地，以珠三角和长三角为主。例如，礼品采购通常去广州一德路，日韩女装采购通常去广州十三行，小商品等采购通常去义乌，电子产品等采购通常去深圳华强北等。

这些实体批发中心是一个个丰富的"矿场"，它们曾创造了一个又一个淘宝传奇。这些地方的优点是产业集中，大多数采购者可以在这里买到一个行业中最全面、最优质的产品。缺点是货品成本还不够低，比从工厂直接采购成本高，同时因为供货商众多，采购时需要咨询很多店铺，耗时耗力。另外，因为店铺多为经销商，产品品质良莠不齐。

②生产型采购

生产型采购是直接到工厂拿货，或者自己本身就有工厂。如果有工厂资源，那么在成本上就具有莫大的优势，同时也能直接控制产品质量，比起一般创业者已具备很大的优势。

但生产型采购也有进货渠道单一的缺点，因为生产投入较大，不像档口型那样可以自由采购，同时，如果创业者还需要管理工厂，那么巨大的工作量将极大地消耗创业者的工作精力。

③定制开发型采购

定制开发型采购是指联系厂家制作指定款式、指定风格的商品并进行采购，这是前期投入最大、耗时最长的一种采购模式，基本和线下单独开发一个产品没有什么区别。

例如，定制开发一个服装品牌系列，那么这中间的设计、打样、出成品、拍摄、规划、上架出售等一系列环节，会耗费很多财力、人力，而且筹备所需时间很长。这是潜力最大，同时也是成本最高的一种运营形式。对于很多刚开始创业的人来说，不建议采用这种模式。

④网络采购

网络采购普遍为网络批发购买。批发采购如果没有实体批发采购资源，可以进行网络批发采购。目前中国最大、最优质的网络采购渠道之一是阿里巴巴网站，同时，阿里巴巴还是世界上最大的B2B网站之一。

（6）商品拍照

拿到商品后，就需要拍出好看的商品照片了。由于消费者不能直接接触与查看网店里的商品，所以通常会有更多的顾虑，商家可以向其展现商品的实拍图，在一定程度上打消这种顾虑。网店里的商品实拍图普遍都要求美观，但美观的前提是要确保画面不失真，否则商品卖出后很容易发生纠纷。

（7）会员营销

会员营销是指通过管理会员关系，从老顾客中获取流量。当店铺通过其他方式获得流量和人气后，需要将这些流量进一步留存，使消费者发生持续消费行为，甚至能够扩大会员营销流量产生影响的领域，通过会员的广告效应刺激新的会员流量的产生，所有淘宝商家都想达到这种效果。

会员营销流量一般是店铺中最稳定的流量，其转化率比较高，可以迅速带来销量，对店铺来说是非常有好处的，所以网店商家要注意会员关系的经营。

（8）其他推广

站内推广是卖家获取流量的主要渠道，除此以外，站外的一些平台也能给店铺带来流量，例如折800、返利网、美丽说、蘑菇街等。站外平台往往通过策划活动来营销商品，店铺商家也可以请求加入这些网站的活动来推广自身的产品。

通过贴吧、论坛、微博、微信等自营销手段能够推广产品和获取流量，通过与其他网站交换友情链接、在其他网站投放广告等也能给店铺带来流量。获取流量的方式非常多，卖家必须结合自身的现实状况来选择。

3.1.2 产品的选择与定位

1．选品的概念

营销是要通过科学的决策（生产或者采购有特点的产品）、特定的手段（推广）、特定的内容（视觉设计）去触达有效的客户（客户画像），并能建立长久的客户关系（老顾客的信任）的过程。在流量充沛的时代，有一张好图片、一个好文案，加上一定的推广手段，商家就可能让产品卖得好。

客观地说，产品卖得好并不一定是产品好，也可能是流量多，哪怕转化率较低，也能取得让人满意的结果，于是商家便形成了一种错觉，认为营销是万能的。当流量相对萎缩的时候，没有好的产品，没有细分的客户，再加上较低的转化率，产品的销量就很难提升了。

经营店铺也是一样，商家通过重复"选款——测款——数据反馈——定款"的流程，来调整店铺产品设计梯队，以求在资源有限的情况下，得到最好的效果。货品规划的意义是根据消费者的需求数据来进行产品的定位、设计、生产和销售，从而规避盲目生产和经营带来的风险。

2．选款维度分析

商家首先要通过分析行业市场，了解消费者需要什么产品，然后满足这些市场需求。商家在进行货品覆盖时，覆盖全品类往往不太容易实现，那么便可以选择覆盖重点品类。

那么究竟是应该覆盖"头部市场"还是"长尾市场"呢？需要按照实际状况来详细剖析。

"长尾"这个概念是由《连线》杂志的主编Chris Anderson在2004年提出的。该理论认为，越是靠前的"头部市场"，存在的价值往往也越大，这种高价值的细分品类，多数都是头部商家的"必争之地"，当然市场竞争往往也越大，而靠后的"长尾市场"的竞争则相对较小。

一般来说，主流品牌企业和一些竞争力相对较强的企业可以选择重点覆盖"头部市场"，结合企业自身的品牌度及营销能力往往可以在红海市场中占据一席之地。但是一些中小型电商企业如果直接进入红海市场，面对相对比较激烈的竞争，他们处于不利地位，因此，建议中小型电商企业选择重点覆盖"长尾市场"，从中突围而出。

3. 产品定位

（1）产品使命

每一款产品都有它的使命，概括来说分为获取客户和获取利润两种。对于获取客户，商家可以通过搜索渠道获得客户，也可以通过增加产品在活动平台中的曝光来获得客户；对于获取利润，商家可以通过售卖高毛利率的产品来获取利润，也可以通过降低推广成本的方式来获取利润，还可以通过提高品牌的调性，增加品牌的溢价能力，来获得更多的利润。

产品的使命并不是根据商家的想象赋予的，而是根据不同产品在测试期间体现出的数据特征来赋予的。

（2）建立产品矩阵

①引流款产品

店铺的销售额=访客数×转化率×客单价，如果一个店铺没有访客，则一切都是空谈。商家想要更好地从搜索渠道中获取流量，打造出爆款单品，可以通过提高搜索算法中的销量因素及利用消费者的"羊群效应"来获得更好的搜索排名，从而获取流量。然而并不是所有的产品都可以起到引流的效果，有些产品即使投入大量的推广资金，也可能由于产品不具备引流款产品的特征，导致引流效果并不理想。那么店铺就要通过对比测试结果和数据，从整个产品线中找出具备引流款产品特征的产品。

②活动款产品

活动款产品也是为了帮助店铺获取新客户，只不过引流款产品获取新客户的渠道是在搜索端，而活动款产品获取新客户的渠道在活动频道。很多店铺一直在抱怨自己报名参加活动时总是通不过，这时就要考虑自己的产品是否适合参加活动。

③利润款产品

在产品的营销定位中，有些产品需要肩负盈利的责任。这些产品的销量未必是整个产品线中最高的，但是带来的利润却非常可观，往往这些产品也不用投入过多的营销推广费用。

④边缘产品

在以引流款、活动款、利润款为标准筛选完店铺的整个产品线后，会发现有一部分产品"无家可归"了，这些产品被称为"店铺的边缘产品"。边缘产品一般就是为了补齐店铺的整个产品线，覆盖市场需求的一些子类目，他们在市场变化中等待机会蜕变。

第二节　认识主流电商平台与入驻

3.2.1 天猫、淘宝

1. 天猫

天猫作为淘系中用户分流较高的平台，对商家的要求会比较高。但流量扶持也比较明显。

天猫可以看作是淘宝的升级版，能得到更多的流量扶持，客户也更偏向于选择天猫商家的商品，而且天猫不但可以做国内市场，还可以做跨境电商，号称中国大型跨境电商。但是申请在天猫开店比较难，很多企业申请了两三年都没有通过，而且天猫不对个人商家开放。

适合对象：企业品牌。

投入资金：店铺保证金、服务年费、软件服务费（扣点）实时划扣。店铺保证金根据店铺性质类型不同也有区别。TM标旗舰店、专卖店保证金10万元；R标旗舰店及特约店保证金为5万元；TM标特许经营店保证金为15万元；R标特许经营店保证金为10万元。

开店流程：天猫的开店流程比较复杂，分几个步骤。

（1）提交入驻资料：选择店铺类型/品牌/类目、填写品牌信息、填写企业信息、店铺命名、提交审核；

（2）品牌评估、资质初审、资质复审，大概需要7个工作日；

（3）激活商家账号并登陆、完成开店前相关准备、缴纳保证金/缴纳年费；

（4）店铺上线，最后上架商品。

优势：天猫获得的平台流量要比淘宝多，而且作为用户，相似的商品，价格相差不大，甚至是相差较多，也会优先选择更有保证的天猫商品。

在淘宝上能搜得到天猫的商品，而在天猫上却不能搜到淘宝上的商品。天猫商家参与各种活动的门槛更低，如618、双11，而淘宝商家没有一定等级不能参与相关活动。

最重要的一点是，天猫没有等级，没有好评率。但淘宝店铺最怕得到差评，发现差评、解决差评会消耗大量的精力与财力，而天猫店铺则没有这方面的顾虑。

缺点：入驻门槛高，资金投入大，只有企业品牌才能入驻，而且很难申请成功，申请入驻需要花费时间精力多。

2. 淘宝

这个平台大家再熟悉不过了，相比天猫店铺，淘宝的投入较少，限制也少，比较适合中小卖家操作，特别是个人卖家。

淘宝开店的低门槛，很多创业者都会在淘宝开店，这样一来店铺竞争加剧，免费流量的获取越来越难，店铺也就越来越依赖付费流量了。付费流量也"内卷"严重，但要想有流量和转化，就得以付费流量带动免费流量。因此，预算有限的话，懂得选品和运营的小卖家才能玩转淘宝店铺，赚到钱。否则，没有技术，就算有钱，也只能成为炮灰。新手卖家没有技术很正常，多学习、多实操总结，逐渐把握店铺经营技巧。

适合对象：个人或企业均可入驻。

投入资金：0元开店（免费开店）。但是最低要缴纳1000元店铺押金，或可选择缴纳30元保险金。至于具体的金额，会依据商品不同类目来收取。

开店流程：

（1）访问淘宝网，在网页顶部选择【卖家中心——免费开店】；

（2）选择店铺类型：个人或企业；

（3）登录淘宝账号，如果没有的话就注册一个（注：企业需要注册企业淘宝账号并关联企业支付宝）；

（4）进行实名认证，个人只需要本人身份证认证即可，企业则需要营业执照及法人本人身份证认证；

（5）认证成功即可开通店铺了，最后给自己的店铺起一个响亮的名字就可以开始运营店铺了。

优势：淘宝开网店的成本与风险较低。我们都知道，网店相对于传统实体店最大的优势在于无门面租用费，水电、物业费等也是不存在的。

进货方便，可以直接在店铺管理后台使用阿里巴巴一键完成采购批发，还可以一键申请自己想卖的商品进行一键代发，完全不需要压货。当然，如果你有自己的货源那就最好不过了。

缺点：淘宝不支持微信支付，也不容易通过微信引流。

发展：淘宝特价版已向腾讯申请开通微信小程序，如果通过了，用户就可以通过微信支付在微信中购买淘宝商品了。

3.2.2 京东

京东首推中高端市场，用户群体主要是一二线城市的中高消费群体，对产品品质和服务态度的要求较高。所以，京东平台的流量品质也是比较好的，平台的管理较为规范，店铺的投入费用也是比较高的。在京东开店，并不是想要入驻就能成功入驻的，如果您没有足够的实力和品牌影响力，建议找专业的代入驻平台，个人卖家则可以选择站内的京东京喜以及京东优创。

京东作为中国电商平台中的佼佼者，虽然提升了入驻的难度，但依旧有很多商家想要入驻京东。

适合对象：企业品牌。

投入资金：京东入驻费用包含了保证金、平台使用费和扣点三个板块。保证金收费在2万元~30万元之间；平台使用费，一般类目收取1000元/月的平台使用费；扣点一般是在3%~10%。

开店流程：像天猫一样，比较复杂，也分几个步骤。

（1）入驻前的准备工作：熟悉招商信息，提前准备好平台所需的资质资料及费用，开通京东钱包；

（2）申请入驻：注册账号，填写公司资料，填写店铺资料，签订合同，提交入驻申请；

（3）审核：资质初审（7个工作日内）、招商复审（3个工作日）、审核完成；

（4）开店任务：填写联系人及地址信息流程维护，账户的安全验证，开店交费。

优势：京东可以说是和天猫打擂台的，京东活跃用户数2020年达到了4.719亿，但商家数只有27万，相对来说竞争对手就比其他平台少很多了。

而且京东的口碑是电商平台中数一数二的好。在京东消费的用户可以选择微信支付、京东白条支付、货到付款、快捷支付、京东钱包支付以及组合式支付等多种方式进行支付，对于用户来说更方便。

京东可轻松对接微信、手机端等移动平台，可以协助店铺商家取得高流量与高曝光的机会。

缺点：和天猫一样，申请入驻的门槛比较高，需要投入的资金也大。申请所需的时间、精力也相对较多，成功率却很低。

3.2.3 拼多多

作为面向下沉市场的低价电商平台。拼多多店铺的核心就是低价。假若没有价格优势，店铺做起来会十分困难，即使做起来也要投入大量的成本，平台的流量支持也难以获得，怎么都是亏本买卖。因此，做拼多多必须具备价格优势，可以理解为货源优势。

适合对象：个人或企业均可入驻。

投入资金：0元开店（免费开店）。也是一样需要押金的，个人店铺虚拟类目保证金10000元，其他各类目店铺保证金2000元；企业店铺虚拟类目保证金为10000元，其他各类目店铺保证金均为1000元。

开店流程：

（1）登陆拼多多官网，选择网页上方【商家入驻】即可；

（2）准备好身份证（个人只需要身份证）、个体工商营业执照、企业三证、法人身份证和管理人身份证；

（3）店铺类型及商品类目的选择。上传相关资质资料，等待审核。一般个体店铺和中小型企业店铺的审核为2个工作日，旗舰店、专卖店和加盟店（以实际审核为准）的审核为3个工作日；

（4）审核结果无论成功与否都会收到短信通知，成功之后就可以前往商家后台进行店铺经营。

拼多多多以价格具有绝对优势的产品为主，消费者以拼团消费方式为主，所以保持价格竞争力就会有不错的销量。商家通过薄利多销，靠量堆积利润。并且拼团的方式也是激励买家进行产品链接分享，也能够吸引更多流量。腾讯允许拼多多在微信中合法引流。

缺点：拼多多不具备购物车的功能。虽然拼多多可以让同一位客户兼并发货的订单，但如果顾客需要重新思考或暂时离开页面，再想重新购买就不容易找到同一货物了，商家与出单就失之交臂了。

拼多多不能通过店铺名称搜索来直接寻找到店铺，只能靠分享的链接直接访问店铺。或者让卖家通过提升商品的排名增加被消费者发现的机会，这样就可以罚款。影响商品排名的主要是商品综合评分，销量不影响拼多多商品的排名。

拼多多对于商家的处罚力度十分大，而且更偏向于买方，主张"顾客就是上帝"。如果商家被判定违规，或者关店，或者缴纳10万保证金；销售假货，罚款店铺总营业额10倍之多；商品脱销，不能发货的订单罚款5元/单；发货延迟，罚款3元/单；发放50年有效期的无门槛优惠券；虚假发货，轻则禁售，重则关店。

3.2.4 亚马逊

亚马逊是全世界最大的跨境电子商务平台。它的创始人兼CEO贝佐斯坐上了世界首富的宝座，成为福布斯富豪榜公布以来第一位身家过千亿美元的富豪，一直保持至今。我国电子商务的竞争相当激烈，其价格战就无法避免了，因此利润也就没那么可观了。如果你想要赚美元，又有货源，也有一定的外文基础，那不妨试一下亚马逊。

亚马逊网站也分为北美站、欧洲站、日本站、澳大利亚站、印度站、中东站、新加坡站，可根据自己实际情况选择。

适合对象：企业公司。

投入资金：月服务费、销售佣金。

（1）包月服务费，申请北美联合账户，只用支付美国站包月服务费39.99美元/月，开启亚马逊（北美、欧洲、日本、澳洲、印度、中东、新加坡）2个或以上站点包月服务费，无需再额外支付加拿大站和墨西哥站包月服务费用。

（2）销售佣金，根据不同商品类目提取不同佣金抽成（扣点），大概在8%~15%。

开店流程：

（1）注册资料准备：营业执照彩色扫描件、法人身份证扫描件、可进行国际付款的信用卡VISA或者MasterCard（首选VISA）、联系方式；

（2）注册账号、审核账户、开通成功就可以上传商品了。

优势：跨境电商相比境内的电商平台来说利润率更高，几乎可达30%以上，甚至一些独特产品能达到100%。而且亚马逊遍布全球，在线上就可以将业务快速拓展到国外，不受地域范围限制，接触到海量的全球客户。

物流体系强大，有着世界最大的FBA仓储物流系统；发货速度快、储存空间大，平台规则规范；入驻的商家都是同等待遇，不会做排名垄断。

缺点：亚马逊平台不会提供通关服务，所以中国商家需要自行解决通关这一难题。

退货流程比较简单，大多数买家由于对商品不了解就直接退货，其实商品自身是没有质量问题的，如果太高的话，那么对于卖家来说还是有比较大的影响。

亚马逊更重视运输各方面的协作，假若FBA的前期准备工作没有做好，标签扫描出现不好的效果等都会对商品的入库有影响，甚至会导致不能入库。假如你是亚马逊卖家，做的是美国网站，那么FBA退货地址只能选择美国国内的。

第三节　农村电商

习近平总书记在陕西金米村调研脱贫攻坚情况时表示，"电商作为新兴业态，既可以推销农副产品、帮助群众脱贫致富，又可以推动乡村振兴，是大有可为的。"我国农村电商逐渐由自发产生到政府推动形成了风气，手机成为新"农具"、直播带货成为新农活、数字成为新农资、文化成为农民新生活、电商成为推动乡村振兴新动能。

3.3.1　农村电商的产生和发展

1. 什么是农村电子商务

农村电子商务，简称农村电商，通过网络平台嫁接各种服务于农村的资源，拓展农村信息服务业务、服务领域，使之兼而成为遍布县、镇、村的三农信息服务站。农村电商平台配合密集的乡村连锁网点，以数字化、信息化的手段，通过集约化管理、市场化运作，成体系的跨区域跨行业联合，构筑紧凑而有序的商业联合体，从而降低农村商业成本、扩大农村商业领域、使农民成为平台的最大获利者，使商家获得新的利润增长。

2. 农村电商的产生和发展

在我国，电子商务成为互联网与实体经济的"连接器"，我国涌现出举世瞩目的电子商务经济体。1994年，中国农业信息网和中国农业科技信息网相继开通，我国农产品信息化开始起步。在这样的背景下，以涉农电子商务为主要内容的县域电子商务正在迎来快速发展的春天，电子商务为农民赋能，使他们从生产者成为经营者，农村中新的主体——农民网商、服务商正在大量出现，围绕电子商务平台新的生态正在形成，以电子商务为驱动的县域经济发展模式开始涌现。

我国农村电商最初是从市场化自发开始的，开始探索淘宝村、淘宝镇等多种方式，早期的青岩刘村模式、沙集模式、遂昌模式、丽水模式等具有较大示范引领作用。自1998年以来，我国农村电商经历了五个阶段，具体来说：

第一个阶段（1998—2005年）：棉花、粮食两个农产品种类先后开始在网上交易。1998年，郑州商品交易所集诚现货网（现为中华粮网）成立。2005年10月中央储备粮开始进行网上交易。1998年全国棉花交易市场成立，商家通过竞卖交易方式采购和销售国家政策性棉花。

第二个阶段（2005—2012年）：2005年易果网成立，生鲜农产品开始在网上进行交易，到了2008年联合乐康、沱沱工社进行生鲜农产品交易。2009-2012年之间，涌现了一大批生鲜电商，生鲜农产品能够在网上交易，改写了电子商务交易的客体的定义和内容。根据商务部发布的《中国电子商务报告（2012）》，截至2012年底，正常经营的注册地在农村（含县）的网店数量为163.26万个，其中注册地在村镇的为59.57万个。但是，由于同质化竞争十分激烈，很多企业倒闭了。

第三个阶段（2012—2013年）：2012年3月5日，温家宝总理在政府工作报告中发言称，要加快发展电子商务等现代服务业，积极发展网络购物等新型消费业态。同时，时任中共中央政治局常委、国务院副总理李克强表示，要积极发展网络购物等新型消费业态，降低流通成本。在2012年互联网方面的"两会"有多个关于电子商务行业的发展及前景有关的提案。

2012年底生鲜电商本来生活发生"褚橙进京"的事件、2013年发生"京城荔枝大战"。这两个重要事件在北京出现，使生鲜农产品电商品牌运营一时成为热点。许多生鲜农产品电商开始探索品牌运营，顺丰优选、一号店、本来生活、沱沱工社、美味七七、甫田、菜管家等获得资金注入。

第四个阶段（2013—2014年）：2013年微博、微信等工具出现，B2C、C2C、C2B、O2O等各种农产品电商模式竞相推出，宽带电信网、数字电视网、新一代互联网、物联网、云计算、大数据等大量先进信息技术被运用到农产品电商中来。

第五个阶段（2014—2021年）：财政部、商务部、国务院扶贫办先后开展了电商进农村综合示范县活动，至今先后有1746个县次开展了这一活动。此外，还有农业农村部的信息化进村入户、农产品出村进城等活动。

2015年以来阿里（淘宝、天猫、菜鸟、盒马等）、京东、苏宁、供销e家、中国邮政、拼多多、昆明花拍中心、美团、抖音、快手、一亩田纷纷进入农村，并引导农民开展多种形式的电商、微商、直播带货活动。2014年开始本来生活、美味七七、京东、我买网、宅急送、阿里、青年菜君、食行生鲜先后获得投融资，农产品电商进入融资高峰期。

2018年，我国农产品电商进入数字农产品电商的新阶段，农业农村部提出数字苹果、数字茶叶、数字生猪的试点示范，从而推动了我国电商向数字电商的迅速转型，供应链迅速向数字供应链的转型和升级。

根据2023年2月发表的《中国数字乡村发展报告（2022年）》，截至2022年底，农村网民达3.08亿人，普及率达62.85%。2022年我国农村网络零售达到了2.17万亿元，截止2022年底农产品电商网络零售额5313.8亿元。截至2022年7月，电子商务进农村综合示范项目累计支持1489个县，支持建设县级电子商务公共服务中心和物流配送中心超2600个。快递服务不断向乡村基层延伸，"快递进村"比例超过80%，2021年农村地区收投快递包裹总量达370亿件。

2020年电商扶贫（含消费扶贫）进入新的阶段，2021年农产品电商进入赋能乡村振兴的新的历史时期，其间2014—2021年商务部、财政部、国家乡村振兴局开展了电商进农村综合示范县的活动，参与的有1647个县次；农业农村部推进信息进村入户工程和农产品出村进城试点，2021年认定106家农村电商基地。[①]

3.3.2 广东地区农村电商的发展

1. 历程

广东地区农村电商的发展历程可以追溯到2008年，当时政府开始实施"农村信息化工程"，并鼓励农民利用互联网开展农产品销售。2013年，广东省发布了《广东省农村电子商务发展规划（2013—2015年）》，明确提出要加快农村电商的发展，实现"以电商促农村振兴"的目标。在政策支持下，广东地区的农村电商得以迅速发展。2014年，广东省的农村电商交易额达到了77亿元，同比增长64%。随着手机普及和移动支付方式的出现，农村电商的普及程度也越来越高。2017年，广东省农村电商交易额达到了324亿元，同比增长23%。2020年，受疫情影响，广东省农村电商交易额再度飙升，全年超过1000亿元。

---

① 洪涛《农产品电商成为县域经济新引擎》

2. 特色

在乡村振兴政策下，广东省大力支持农村电商的发展。政策引导农村电商企业实现规模化、品牌化和标准化，同时加强宣传和推广，提高农产品的知名度和美誉度。政府还出台了相关资金扶持政策和奖励措施，鼓励农村电商企业创新和发展。此外，政府在基础设施建设、物流配送和电商培训等方面也提供了大力支持，力求打造一批区域特色鲜明、功能完备的农村电商产业集群，推动广东省农村电商向更高水平迈进。

在广东省乡村振兴政策的引领下，农村电商在发展中展现出了一些独特的特色和优势。具体而言，主要表现为以下几个方面：

首先，广东省农村电商深度挖掘了当地农产品的特色资源。在广东省的农村电商平台上，不仅出现了传统的果蔬、畜禽水产等农产品，还出现了一些具有地方特色或文化内涵的产品，如潮汕牛肉丸、珠江三角洲地区的荔枝、墨玉瓜等。这些特色产品的上市，不仅满足了市场的需求，也为当地农民创造了更多的收入。

其次，农产品直播、农产品抖音、农产品快手和农产品小红书等新型农产品营销方式的应用，也为广东省农村电商带来了显著的优势。通过直播、短视频或社交网络等平台的展示和宣传，可以更好地展示农产品的品质和特色，增强产品的吸引力和销售能力。同时，这些方式的应用，还可以让消费者更好地了解到当地的风土人情和文化底蕴，从而促进地域特色文化的传承和发展。

再次，广东省的农村电商平台在物流配送方面也具有一定的竞争力。随着互联网和物流技术的发展，农村电商企业不断开拓新的物流模式和配送渠道，实现"即订即送""快速配送"等服务，更好地满足消费者的需求。这些措施不仅提升了消费者的购物体验，也增强了广东省农村电商的市场竞争优势。

最后，乡村振兴政策的引导和支持也是广东省农村电商平台在发展中的重要优势。在政策的推动下，各地区不断加强对农村电商企业的扶持和引导，推动农村电商平台健康快速发展。政策的支持，不仅提升了企业的发展动力，也增强了企业对市场和消费者的信心。

广东省农村电商在乡村振兴政策的推动下，发展出了许多独特的特色和优势，这些特色和优势也成为企业在市场竞争中的重要优势和差异化优势，为其长期的健康发展提供了有力的保障。

3．问题与对策

（1）规模不足、品牌知名度不高

广东省农村电商发展中存在着规模不足、品牌知名度不高等问题。这些问题主要是农村电商企业自身实力薄弱以及营销渠道单一所导致的。为了解决这些问题，农村电商企业需要通过多种途径扩大规模并提升品牌知名度。例如，可以采用多元化的营销策略，在社交网络平台上积极开展宣传推广活动，提高企业的知名度和影响力。同时，也可以通过与其他优秀企业合作，共同推动农村电商行业的发展。政府方面也应加强对农村电商的支持和引导，鼓励优秀企业进一步发展壮大，从而促进农村电商行业的健康发展。

（2）营销渠道单一、创新性不足

在广东省农村电商的发展中，营销渠道单一和创新性不足是存在的问题。目前，广东省的农村电商主要采用电商平台销售农产品，缺乏独特的销售渠道和多元化的营销策略。农村电商企业在营销中较为缺乏创新性，缺乏针对不同客户群体的定制化营销策略。

为了解决这些问题，农村电商企业应该尝试新的销售渠道和营销方式。首先，可以考虑开展线下农产品展销活动，联合当地合作社、企业和有影响力的农户，以此提高农产品知名度和品牌形象。此外，农村电商企业可以利用新型应用技术和社交网络平台，如农产品直播、农产品抖音、农产品快手和农产品小红书等，推广自身品牌和产品。

另外，农村电商企业应注重营销策略的创新性，设计针对不同消费者的个性化营销方案。可以通过收集消费者数据，了解消费者需求，提供满足消费者需求的产品和服务。针对不同客户群体，可以设计定制化的销售渠道、优惠活动和品牌形象。

政府也应该加强对农村电商企业的扶持和引导，在政策层面上鼓励企业多样化的营销策略和创新的销售渠道。同时，政府可以通过帮助农村电商企业解决技术、资金和人员方面的问题，提高农村电商企业的整体实力和竞争力。

（3）乡村振兴政策的实施问题

在广东地区，农村电商作为乡村振兴的一项重要举措，受到了政府的大力支持。然而，一些乡村振兴政策的实施问题仍需解决。首先，政策的宣传力度不够，导致农民对政策了解不足，无法充分利用政策提供的支持措施。其次，政策落实过程中存在执行不到位的情况，致使农民无法享受到政策提供的实际利益。最后，乡村振兴政策还存在与电商服务模式不匹配的问题，政策需进一步调整以满足实际需求。

为了解决这些问题，需要政府和农村电商企业携手合作。政府应加大宣传力度，提高政策知晓率，同时加强政策执行情况的监督和检查，确保政策惠及至农民。同时，政府也应更多关注电商服务模式的变化，针对性地出台具体政策以促进电商服务的发展。农村电商企业则要加强与政府的合作，积极争取政策支持，同时不断提升自身的服务水平和品牌认知度，以更好地服务于农民和乡村振兴的发展。

（4）企业自身发展问题与政府支持对策

广东省农村电商企业在自身发展中面临着规模偏小、品牌知名度不高、营销渠道单一等问题。因此，对于企业自身，需要注重提升规模和品牌知名度，加强营销渠道和策略的多元化，推进企业发展。同时，政府应进一步加强与农村电商的合作，支持农村电商的发展，促进农村经济的繁荣发展。具体而言，政府可以加大资金和政策支持力度，推动农村电商进一步与互联网、物流、金融等各方面的合作，打造更加完整的农村电商生态系统。

此外，在农产品营销方面，农村电商应该充分利用新型应用技术和社交网络平台，提升营销的创新性和差异性，以增加消费者对农产品的关注和购买意愿。同时，政府也应该通过加强农产品质量、品牌和包装等方面的支持，进一步提升农产品的附加值和竞争力，促进广东省农产品的出口和品牌建设。

4．趋势

乡村振兴政策为广东省农村电商的发展提供了重要的支持和帮助。政策的出台为农村电商企业提供了更广泛的市场和政策支持，促进了乡村经济的繁荣发展。基于以上情况，未来广东省农村电商的发展方向和趋势主要包括几个方面，一是加快规模化发展，推动企业整合优质资源，提高自身竞争力。二是强化品牌建设，通过品牌护航增强企业的影响力和竞争力。三是多元化营销策略，充分利用新型应用技术和社交网络平台，创新营销方式，突显差异性。四是深入拓展市场，发掘农村电商市场的潜力，提高农产品知名度，进一步扩大农村电商的影响力和话语权。

综上所述，广东地区农村电商发展的现状和趋势需要企业和政府共同合作，通过营销手段和政策创新来推动行业的健康发展。

3.3.3 农村电商的发展展望

　　未来，伴随着县域的全面互联网化和产业数字化升级需求，在数字经济与实体经济融合发展的新阶段，围绕农业生产端数字化、乡村产业链改造、数字生活服务场景创新、农村新基建等方面还将产生大量的农村电商服务需求。农村电商在服务带动县域经济高质量发展、促进城乡共同富裕方面将发挥更重要的作用。随着农产品上行规模化带来的竞争加剧，国家品牌强农战略的推进，以及国内新型消费、品质消费的崛起，再加上电商平台和品牌公共服务能力的不断提升，多重因素叠加将推动农业品牌化发展大幅提速，数字化优势为农业品牌发展带来新的机遇。此外，在农村电商发展的过程中，农村消费能力与农村电商的发展呈现相互促进的局势。

　　同时，政府全面加强对电子商务的监管，先后出台了一系列法规文件。电子商务监管越来越严格，农村电商过去混乱、无序的局面将加速扭转，合规化成为未来竞争的关键，农村电商经营者尤其是小微个体和农户，亟须提高合规经营意识，加大合规经营投入，走好健康、可持续的发展之路。

📑 **考证知识点指引**

鉴定范围	知识点	中级电子商务师	高级电子商务师
网店搭建	网店入驻规则	√	√
	平台规则	√	√
	开店准备工作	√	√
	店铺定位	√	√
	网店装修设计	√	√
	网店产品选择与定位	√	√
主流电商平台	天猫平台规则	√	√
	天猫入驻流程	√	√
	天猫业务模式	√	√
	淘宝平台规则	√	√
	淘宝入驻流程	√	√

（续表）

鉴定范围	知识点	中级电子商务师	高级电子商务师
主流电商平台	淘宝业务模式	√	√
	京东平台规则	√	√
	京东入驻流程	√	√
	京东业务模式	√	√
	拼多多平台规则	√	√
	拼多多入驻流程	√	√
	拼多多业务模式	√	√
	亚马逊平台规则		√
	亚马逊入驻流程		√
	亚马逊业务模式		√

本章实训

1. 以小组为实训单位，至少选择一个本章提到的电商平台，进行平台入驻实训，完成实训后，将入驻过程或者在入驻平台过程中遇到的问题进行经验分享。

2. 以小组为实训单位，在完成平台入驻后，提出自己的网店的经营方向、目标和拟采用的经营模式。

第四章

认识网络推广方法

📺 知识目标

了解网络推广的基本概念

了解网店推广的营销理念

了解网店站内推广的常用方法

了解网络推广的操作思路

📊 能力目标

掌握网络推广的技能

掌握网络推广的营销操作技能

掌握网络推广的基本模式

📺 章节引导

随着互联网和电子商务的快速发展，越来越多的人对网店的推广充满兴趣，那么网店的推广到底是什么？网店推广就是运用合理有效的方法，吸引流量进入店铺，进而促进店铺内产品销售的过程。推广目的可以不尽相同，有的是为了赚取流量，吸引新消费者；有的是为了促成交易，提高产品的转化率；还有的是为了建立独特的品牌形象，从而提升其知名度。但是，无论是出于什么动机，其根本目的都是盈利与提高销售额。

引导案例

1688是为全球企业（B2B）提供海量供求信息电子商务的著名品牌，是全球领先的网上交易市场和商人社区。首家拥有超过1400万网商的电子商务网站，遍布220个国家地区，成为全球商人销售产品、拓展市场及网络推广的首选网站。

案例思考

（1）阿里巴巴属于什么类型的电子商务模式？

（2）对于电商卖家来说，寻找货源的渠道有什么？

知识导读

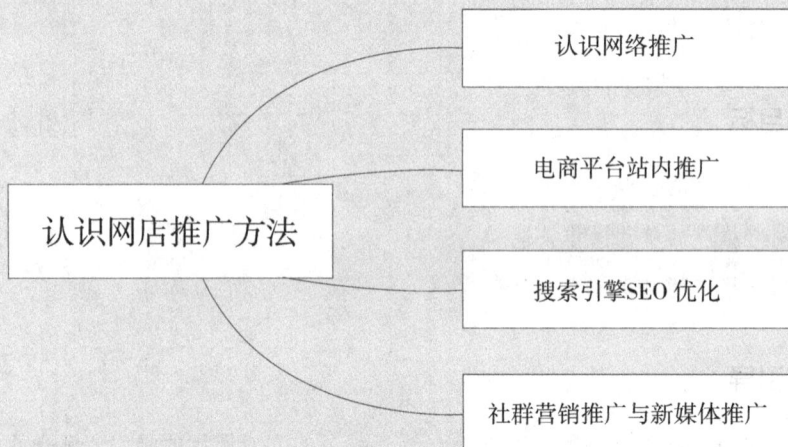

第一节 认识网络推广

4.1.1 网络推广概述

1. 网络推广的概念

网络推广是借助互联网、计算机通信和数字互动媒体的信息传播，利用新的营销理念、新的营销形式、新的营销渠道、新的营销方针，进行运营活动，以达到一定的营销目的。从市场营销的角度，能够把网络推广定义为：网络推广是企业自身的营销方针的组成部分，是一种基于互联网的营销手段。

网络推广与传统营销对比来说有以下几点不一样：

（1）以互联网技术为依托，采用许多传统营销方式中所没有的技术手段，比如电子邮件营销、网络广告等，可以针对特定的人群进行更精准、更快速地信息传播。

（2）企业经营方式发生转变。企业要开展网络推广，就要求企业的组织机构设置、人员配备、职能分布、业务流程及经营机制不同于传统的经营方式。企业围绕信息流，资金流，物流，采用现代化管理方式，进行业务流程的重组及组织机构与人员的调整。

（3）网络推广策略是在传统营销理论指导的基础上，进一步针对网络经济运作的特点进行优化和拓展。

总之，网络推广不是网上销售，网络推广并不是到网上去卖东西，而是将传统的营销手段运用到网络中去，降低营销成本，开拓新的市场。线上营销推广贯穿企业整体运营的全流程，包含市场调研、客户剖析、产品研发、制作流程、营销策略、售后服务、反映改进等多个流程。实现网络推广功能可以由易到难、由简到繁。例如，从做首页到运营网站，从做广告到建设客户关系管理系统，从发邮件到建立供应链关系系统，诸如此类。

2．网络推广的特点

网络推广是在传统营销推广的基础上开展的一种新的推广手段，当传统营销与网络高科技联合在一起的时候，一些新的特征就产生了。

（1）网络推广面对的网络市场是一个虚拟的全球性市场。

互联网构建了一个线上虚拟空间，利用计算机系统能够制作出多种虚拟环境，作用于人的视觉、听觉。在虚拟空间中能够便捷地建设网站，搭建虚拟企业、虚拟商场，以图像、声音、文字和链接展现商品服务内容信息，利用线上平台进行商务洽谈、签订电子合同、完成电子支付、达成合作等，其运营规模不受限制。电商企业进入互联网就等同于进入了一个覆盖了全世界的虚拟市场，它能够利用网络搜集相关消息，在全世界地区范围内进行原材料和产品的购买，也可以将产品和服务作为商品销售给全球范围内的企业和个体。

（2）网络推广是24小时在线的，方便用户操作，节省用户时间。

现代社会，人们不再是日出而作，日落而息，大多数人的生活规律都不相同，因而，购物需求随时都有可能产生。在国际营销推广中，由于时差，给企业的线下营销活动造成了很大的困扰，而网络推广则将这一问题彻底解决。互联网的服务器是全天候24小时在线，消费者只需找到一台联网的电脑，使用电脑登录线上网站，就能随时搜索产品信息、发起订单，并完成电子支付。按照我国互联网络信息中心所做的详细调查，"节省时间"和"易于操作"是用户网购的主要原因。

（3）网络推广可以提供大量信息，其信息更新速度快。

信息不对称，消费者得不到完整的商品价格信息，曾经是商家的一大盈利秘籍。但在现代信息社会中，消费者会获取更多的消息，进行品质、功能、性能、售价等方面的充分比较。随着科技进步，消费者对产品的要求也越来越高，所以消费者越来越需要产品信息咨询和售后技术指导。网站能够为客户提供海量的资讯，从而满足客户对资讯的需求。再加上商品信息、售价信息常常会发生变动，需要及时更新，不论是生产商印刷宣传册，还是发布广告，其速度都无法与制作、发布网页的速度相媲美，因此客户可以在网站上收集到最新的资讯。

（4）网络推广将许多售前、售中、售后服务项目整合在一起。

营销活动往往要经历多个环节，如信息搜集、价格比较、技术咨询、签订合同、订单发送、货款支付、商品配送、企业的原料采购、生产计划制订、库存管理、售后服务等，其中不少环节都可以在网上进行一体化运作。顾客可以在网上搜集商品价格信息、进行技术咨询、发送订单、实行电子支付，如果购买的是信息服务或电子商品，还可以通过网络直接下载，从而优化了购买过程，消费者购买更为便捷。企业可通过网络接单，按单制定生产方案。通过网络进行库存管理、发货及商品配送，完成售后服务。

（5）网络推广实行的是双向交流，即刻反馈。

绝大多数媒介只能进行单向的信息传递，网络的互动性促成了网络推广的双向交流，且这种交流的传输速度非常迅速。客户能快速从企业得到反馈，商家也能很快了解到客户的需求，既提高了顾客的购物效率，也提高了企业的经营效率。

4.1.2 网络推广的职能

网络推广主要具备以下八大职能。

1. 建立网络品牌

网络推广的一项重要任务就是企业品牌在互联网上的建立和推广。知名企业的线下品牌可以在互联网上延伸，而一般企业利用互联网能够快速建立起品牌形象，并对企业的整体形象起到提升作用。网络品牌建设是以企业网站建设为基础，通过一系列的推广策略，完成大众对企业的认知与认同。从某种层面上讲，互联网能够提升的品牌价值甚至比使用互联网直接获得的收益还要高。

2. 网址推广

这是网络推广的一个最基本的职能，几年前甚至有人觉得网络推广就是URL的推广。相比于其他功能而言，网址推广显得尤其重要，网站一切功能的施展都要建立在一定的访问量基础之上，因而，网址推广是网络营销的核心工作。

3. 发布信息

网站是一种信息载体，传播信息也是网络推广的一项基本职能。所以换一种理解，便是无论哪种网络营销方式，其结果都是向包含客户、潜在客户、媒体、合作同伴、竞争对手等在内的目标人群传递信息。

4．促进销售

营销的基础目标是为促进销量提供帮助，网络营销也不例外，大多数网络营销方式都与促销有着直接或间接的联系。实际上，网络推广并不局限于对网络销售有促进作用，在很多时候对于线下销售的推动也是非常有价值的。

5．拓宽销售渠道

一个具备在线交易功能的企业网站本身就是一个在线交易场所，企业在线销售网站是企业在线销售渠道在网上的延长，在线销售渠道的建立并不只是网站本身，还包含建立在一体化电子商务平台上的网店以及不同模式的协作等。

6．优化顾客服务

互联网提供了更为快捷的在线客户服务方式，从最简单的常见疑问解答（Frequently Asked Questions，简称FAQ）到邮件列表，以及BBS、即时聊天、聊天室等多类即时消息服务，客户体验到的服务品质对于网络营销成效有着直接的影响。

7．促进良好的顾客关系建立

建立良好的客户关系是网络推广获得明显效果的首要条件，利用网站的互动性和客户参与性，网络推广在进行客户服务同时，也在促进建立良好的客户关系。

8．网上调研

利用网络调查表或者电子邮件等方式，就能够完成网络市场调查，获取所需信息，相对于传统的市场调查具有效率高、成本低的特点，所以网上调研就成为网络推广的一大职能。

发展网络推广的意义在于充分发挥各种职能，让网络经营的整体效益最大化，所以仅因某些方面效果不佳而否决网络推广的作用是不妥的。网络推广的每个职能之间并不是互相独立的，同一职能可能需要多种网络营销方法的共同作用，相同的网络营销方法也可能适用于多个网络推广职能。

第二节　电商平台站内推广

电商店铺要进行网店推广，主要途径可以分为站内推广和站外推广这两大类别。站内推广是指在电商平台内进行推广，从而带来流量，这也是目前主要的推广方式以及流量的来源渠道。站外推广通常是指在其他互联网上获取的流量。推广模式如图4-1所示。

电商商家都十分看重店铺推广这一板块，因为店铺想要获得更多的流量就一定需要将店铺的营销推广与引流工作做好，假若可以想办法推广自家的店铺商品，在平台上给店铺吸引来了愈发多的流量，那么产品的销量自然也就上去了。以淘宝平台为例，下面给大家介绍几种很实用的网店推广方法。

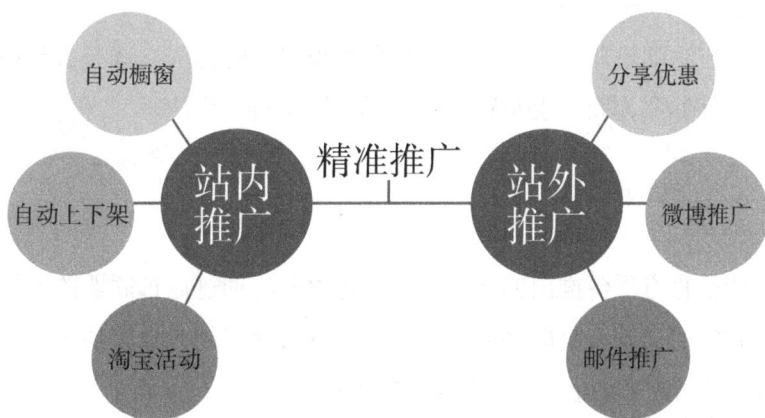

图4-1　推广模式

1. 站内自然搜索

这个通常是指利用站内的搜索引擎搜索本网店中的内容。对于淘宝商家来说，站内的搜索是一个重中之重的流量来源，因为淘宝用户在使用淘宝进行产品选购时，大部分时间都是利用关键词搜索进行的。

淘宝平台的自然搜索流量也比较多，主要通过橱窗、商品标题关键词、商品上下线时间设定等进行优化，从而提升自己店铺内容的搜索权重，那么店铺能够从站内获取更多流量，促进产品销量的提升。

2．开展店铺促销活动

网店促销活动一般都是以给消费者提供优惠的形式来刺激消费者购买，常见的促销方式有包邮，特价，实时优惠，送礼品，抽奖，买手秀奖励，送券，抢购和赠送会员积分、优惠券、淘金币等。

店铺运营人员做好营销活动策划，能够为店铺带来不少流量，尤其是利用好节假日做好店铺的活动策划，能为店铺引来大规模高品质的流量。

3．报名官方活动

可以通过淘宝平台官方提供的一些营销活动进行推广，比如聚划算、淘金币、天天特价等常见的形式，也是店铺的流量来源。假若店铺符合活动的参与要求，便能够使用淘宝的活动入口请求参与活动，审核通过后就能够获得活动范围内的展现机会，也就是获得官方的活动流量扶持。

淘宝的官方活动是非常多的，店铺可以根据自己的情况，选择参与符合条件的官方活动，从而在活动期间得到优质流量，促进店铺业绩增长。

4．利用淘宝联盟

淘宝联盟是官方平台推出的站内推广渠道之一，通过店铺联盟的方法将自家店铺的商品和别家的店铺商品联动展现。这种联动展现，能为自家店铺带来可观的流量，对于推广和引流来说也是一个非常好的渠道。

5．淘宝付费推广

付费推广可以协助商家获得更多精准流量，是站内较为有效的推广形式。淘宝官方的付费推广模式有直通车、引力魔方、万相台、淘宝客等几种形式。直通车是店铺热销款在特定类目下经常使用的一种推广形式；使用引力魔方可以在平台广泛获取店铺流量；淘宝客、v任务达人则是由利用平台有影响力的素人或机构等提供的推广服务，由商家支付佣金的推广形式。

直通车和引力魔方这两种推广方式不是任何商家都能够使用的，必须是其店铺达到了淘宝平台的规定要求才能够开通，比如直通车的开通守则是信誉等级≥2分，店铺动态评分每条都是≥4.4分。

第三节 搜索引擎优化

SEO是搜索引擎优化（Search Engine Optimization）的英文缩写，是将关键词依照搜索引擎算法进行排序，从而到达较好的宣传作用，以此获取更加多的潜在客户流量，从而使转化率得到有效提升。

所以，网站SEO优化的核心是在于其排名。排名越靠前，机会则越多。不过SEO优化并非毫无章法地去进行操作，它需要根据相关步骤去操作。包含以下几个主要的分支主题：网站结构优化、网站页面优化、内容质量优化、网站外部链接优化以及SEO效果检测。

4.3.1 网站结构优化

网站结构是SEO的根本所在，正确的网站结构设计，不仅能够提升网站的收录速度，同时还能够提升用户的体验感，可以直接让大多数SEO的后期优化运营起到事半功倍的作用。尽管大多数人认为网站采用扁平化结构更好，然而扁平化的结构并不是单单设计一个导航栏就可以了，而是需要进行包括网站结构设计的整体思考。网站的结构优化，实际上包含了表4-1中13个部分的内容：

表4-1　网站结构优化思路分解

搜索引擎友好性	搜索引擎蜘蛛能找到网页 找到网页后能抓取网页内容 抓取页面后能快速提取有用信息
避免搜索引擎蜘蛛陷阱	常见蜘蛛陷阱包括 Flash、Session ID、各种跳转、动态 URL、Java Script 链接、强制 Cookies 等
导航栏设计原则	文字导航、点击距离近且要扁平化、锚文字包含关键词。面包屑导航、避免页脚堆积
子域名与目录	子域名使用会使网站变多，而目录会使网站越做越大，所以尽可能使用目录，而不是子域名

（续表）

robots 协议文件	robots 协议文件适用于指令搜索引擎禁止抓取网站某些内容或者指定允许抓取某些内容
nofollow	nofollow 不传递权重，考虑给没必要传递权重的链接加上该标签，可以避免权重分散
URL 静态化	URL 静态化既能提高用户体验，又能降低网站内页收录难度
绝对与相对路径设计	绝对路径有助于网址规范化，也能预防内容抄袭，相对路径节省代码，测试服务器也更容易
重复内容	重复内容会分散权重，还会导致搜索引擎判断失误
网站地图	网站地图是必须的，除了让用户对网址结构和内容一目了然，搜索引擎也可快速追踪链接
内部链接及权重分配	内部链接及权重分配要考虑重点内页、非必要内页、大二级分类、翻页过多、单一或多入口、产品链接、深层链接、分类链接等
404 页面	当页面不存在时，一定要设置 404 页面，否则大量不存在页面会引起搜索引擎的不友好
网址规范化	网址规范化能让搜索引擎快速判断出真正的网站首页网址，有利于搜索引擎计算排名

4.3.2 网站页面优化

在SEO优化的过程中，网站结构和页面都是自己能够把握的，而做好这两个要点工作，网站的基础就会十分扎实，对于优化SEO的效果来说会有十分大的帮助。网站页面优化包括了表4-2中的几个部分：

表4-2　网站页面优化思路分解

页面标题	标题标签就是第一个关键位置
描述标签	描述标签对排名没影响，但能提升点击率
关键词标签	不写也行
正文优化	加入关键词是基本，但不能生硬插入
H 标签	H1 标签一般是文章标题，所以只能出现一次
ALT 文字	在图片中添加 ALT 文字是为了让搜索引擎更快识别图片内容
精简代码	精简代码能提高页面打开速度，所以也是影响搜索引擎排名的重要因素

下面挑出几个要点加以说明。

1. 页面标题

页面标题优化的重点在于目标关键词，标题标签就是第一个关键位置，而页面标题则包含标题标签中的文字，查看一个页面源代码可以非常清晰地了解到页面标题。

```
<head>
<title>网站标题放在这里</title>
</head>
```

表4-3　标题标签优化要点

要有独特性，不要重复
准确描述页面内容
注意字数限制，避免折叠
避免关键词堆砌，同时保证通顺
核心关键词越靠前越好

2. 正文优化

正义优化和标题标签优化一样，关键词的适当添加是基础操作，并且不可以生硬地添加，要兼顾上下文以及用户的使用体验。正文优化一般要注意表4-4中的几点：

表4-4　正文优化要点

注意关键词出现频率和密度，适当自然出现就好
第一段添加关键词，因为前面关键词权重更高
可同义词、近义词替换关键词，更有利用户搜索
合理使用H标签，一般是多用H1~H3标签
注意整体排版和用户体验，避免影响用户阅读

4.3.3 内容质量优化

网站优化最重要的一点是内容质量优化，有些网站内容质量差但它的排名也非常靠前，假若将违法手段排除在外，可能是网站基础比较好。如果按照技巧扎实网站基础，再把网站的内容进行优化，网站竞争力也可以提升好几个层次。

原创内容是SEO优化的基本，这是推动用户形成流量转化的中心要素，"内容为王"的说法是正确的，假如说一个网站的所有内容都是搜集复制来的，搜索引擎便会大概率地将其定义为"垃圾网站"。单纯的内容搜集复制很容易被发觉，大家去百度随意搜一搜，常见的标红就是。

4.3.4 网站外部链接优化

页面优化其实涵盖了这个部分，单独提出来是因为这是非常重要的一点。网站分为站内优化和站外优化这两内容，上面刚刚讲解了站内优化，而站外优化的关键是优化网站外部链接部分。外链通常是指将自己的网站链接导入到别的网站，除了带来更多的流量之外，还对被链接的页面和整个网站的权重提高都有着巨大的作用，尤其是在国内外一些大型知名网站添加自己的网站链接，成效会更好。可以从表4-5中的几点来判断怎样的外部链接才是好链接：

表4-5　网站外部链接优化要点

链接点击流量大的网站
单向链接的外链权重更高
链接的内容相关性强
链接锚文字出现目标关键词更好
域名权重及排名越高

4.3.5　SEO效果检测

SEO效果检测是十分重要的一步，效果检测能够在检测成效时发觉不足之处，而后进行对应的SEO优化。可以从以下表4-6中的几点入手网站SEO效果检测：

表4-6　SEO效果检测要点

网站收录情况	总收录、分类收录、有效收录等
排名检测	首页目标关键词排名、分类页面目标关键词排名、文章关键词排名，外部链接数据：外链数量、质量、类型等
流量数据	查看网站流量变化情况，及时分析情况，以上分享的SEO网站优化的相关知识体系，大致就是一个完好的网站优化的策略和流程。

4.3.6　SEO的拓展知识

1. 多研究百度算法

百度搜查资源平台是十分有用的，最快捷的做网站SEO优化的方式便是紧跟官方的步伐，因为只有官方解释是最具有权威的，并且许多措施在发布之前也是经过他们验证并确保有效的。

试图通过恶意刷点击、黑科技技术等所谓迅速提升网站排名的方法，其实是无效的，并且一旦被搜索引擎检测到，就会掉榜或者网站被删除，我们需要使用正规合法的SEO技术去优化。

2. 结合知乎平台做推广

线上推广可以尝试结合知乎平台来做，因为知乎目前处在流量红利期。知乎每天从搜索引擎中获取的流量大约占其总流量的1/3左右，是一个不错的平台。大家去百度搜查下也可以发现知乎的内容含量占比也越来越高。

从SEO的优化角度来思考，知乎的内容不仅可以在站内得到十分优质的流量，其还自带广泛传播属性，部分优质内容有机会可以登上全网热搜。

第四节 社群营销推广与新媒体推广

4.4.1 认识社群营销基础

社群营销是在网络社区营销和社会化媒体营销的基础上开展起来的，是用户连接和交流更加严密的网络营销推广形式。采用网络社群营销的形式，关键是利用连接和交流的形式来创造用户价值，人性化的营销形式，既是用户喜闻乐见的，用户也可能成为持续的传播者。

获客成本越来越高，用户流失也越来越快，如何积累和沉淀用户，深度触及用户成为各行各业都在思考的问题。

1．社群营销的定义

社群营销就是借助互联网传播类工具将意向用户聚集在一起，比方说建微信群、QQ群等，利用群内互动、交流等方式，发掘潜在的意向客户，从而完成销售目的的网络营销方式。

2．社群营销的优势

（1）主题类型不受限制

可以围绕多种类型的主题来建立社群，产品属性、地域、年龄、兴趣等都可以构成社群的主题，也不限制群成员行业（不法行业除外），但限制人数。

（2）方便快捷

可以随时随地建立社群，发布主题内容或产品服务等，信息直接触达目标人群，并在线进行有效沟通。

（3）互动性强

社群的互动性十分强，客户随时随地可以在社群内进行咨询、提问，群主或管理员可以随时进行答疑解惑，"死群""僵尸群"除外。

4.4.2 社群运营的工作重点

社群的运营是一项系统性的工程项目，每一个环节都需要周密的策划，以及团队坚持不懈的工作。社群运营旨在建立和维护一个活跃、互动和有价值的社群，以促进品牌发展、客户忠诚度和业务增长。在当前数字化时代，社群运营已成为企业营销和品牌建设的重要组成部分。做好社群营销需要关注以下几个方面的问题：

社群运营的思路分解如表4-2所示。

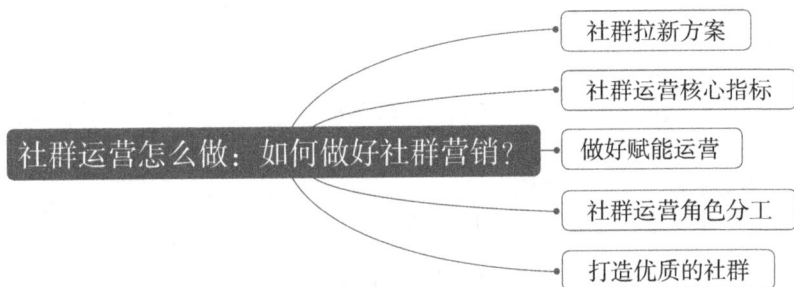

图4-2　社群运营的思路分解

1. 社群拉新方案

社群拉新是社群运营工作的开始，是指通过各种策略和方法，吸引新的用户加入社群，并参与社群的活动和互动。社群的新用户不仅可以增加社群的规模和活跃度，还可以为企业带来更多的商机和增长机会。我们需要掌握那些优质的渠道，让我们快速地完成社群拉新。只有新成员的不断加入，才能壮大社群，为下一步工作打下良好的基础。表4-7中是我们常用的拉新引流渠道。

表4-7　社群拉新渠道分解

微信社交生态圈渠道	（1）微信公众号
	（2）附近小程序
	（3）搜一搜入口
	（4）好友分享
	（5）小程序互推
	（6）百度网盘

（续表）

免费渠道	（1）贴吧论坛：各大贴吧软文推广
	（2）海报裂变：设置诱饵，吸引用户进群
	（3）自媒体引流：软文推广
	（4）朋友圈：输出产品文案引流
	（5）短视频引流：抖音或快手
	（6）微博推广：广点通推广
	（7）线下活动：讲座、展会、交流会
付费渠道	（1）公众号广告位
	（2）朋友圈广告
	（3）信息流广告
	（4）异业联盟
	（5）短视频投放
	（6）活动推广

如何设计一个有效的社群拉新方案呢？

首先，明确目标受众和定位。了解目标受众的特点、需求和兴趣，确定社群的定位和目标。根据目标受众的特点，制定相应的拉新策略和方法。

其次，提供有价值的内容和优惠。新用户加入社群的最大动力是能够获得有价值的内容和优惠。可以提供一些独家的资讯、专家观点、教程或优惠活动，吸引新用户加入社群。

再次，开展在线和线下活动。通过举办在线和线下的活动，可以吸引新用户的参与和互动。可以组织一些有趣的讨论、竞赛、抽奖等活动，吸引新用户参与，并通过活动中的互动和交流，增加用户对社群的认同感和粘性。

最后，积极推广和宣传。社群拉新方案的成功与否也与推广和宣传的效果密切相关。可以通过社交媒体、广告、口碑传播等途径，积极地推广社群和拉新活动，吸引更多的目标用户加入。

2．设置社群运营的核心指标

社群运营核心指标分解如图4-8所示。

表4-8 社群运营核心指标分解

核心指标说明	具体细分指标
社群运营的影响力：社群的影响力越大，其商业的溢价能力越强	（1）群规模
	（2）自媒体阅读量
	（3）独立指标
	（4）合作品牌
	（5）入群门槛
社群连接度：社群中的人彼此连接的维度越多越好，越丰富的从线上到线下的连接维度越好	（1）线上活动频率
	（2）线下活动频率
	（3）成员自发活动比例
	（4）互加好友比例
	（5）成员互推比例
	（6）成员合作比例
	（7）成员自媒体提及比例

3. 打造优质的社群

（1）活跃社群

活跃社群在社群营销中起着关键作用。一个活跃的社群能够吸引更多的目标用户参与，并增加品牌的曝光度和影响力。缺乏活跃度的社群，通常是两种情况：一种是刚刚成立的、没有活动主题和运营方向等，只是单纯地聚集用户；另一种是刚成立时非常活跃，后期缺乏认真管理，导致群中缺乏活跃用户，最终沦为"垃圾广告群"。

成功的社群营销，必须先将群组活跃起来，例如每日固定时间发红包、分享新闻热点、发起话题吸引大家一同探讨、有奖答题等活动，优质话题评论、舆论引导、气氛烘托等都是必要的因素。

（2）分享有价值内容

打造优质社群最核心的是分享有价值的内容，每日分享一些"水货"，群内人员就不会对这个群感兴趣了，如若根据自身的产品和服务，依照行业类型，每天分享一个知识点，大家会从心理上觉得这个群不错，可以学点东西，了解点什么知识。例如提供心理咨询的服务的社群，主题一般是心理学知识，那每天可以分享一些关于心理方面的知识或者是一些案例。

（3）制定规则

社群营销难以避免的是有竞争对手潜进来做"卧底"，暗中加好友等，为了避免这种情况，可以制定一些规则来最大限度地规避，例如发布社群规则、通告，设置举报有奖等激励方式。

4.4.3 常见的新媒体推广方法

1. 微博推广

微博是一个用户流量非常大的平台，每发布一条微博，只要是关注的人都可以看见此条微博的内容。假设粉丝非常多，那么浏览量是不容忽视的。假若有粉丝转发了此条微博内容，那么就是进行了二次传播。

2. 博客推广

博客是一个推广引流后反响不错的平台。在这个平台上我们发布文章，只要内容被平台搜索引擎收录，那么我们的文章就会在用户搜寻其中关键词的时候得到展示，并获得点击，从而提升浏览量。网络上有很多博客平台，你可以每天写一篇文章，然后在这些平台上发布并进行推广和引流。

3. 分类信息推广

操作分类信息推广，务必要去同行业中的分类信息网做推广引流，在其他类型的论坛发布相关文章内容，效果是不理想的。同时建议不要直接在相关论坛上发布广告类的文章，可以选择发布软文广告。

4. 问答推广

网上有很多问答平台，比方百度知道、搜搜问问、360问答。这样的问答平台不但有着庞大的用户量，平台的权重也是十分高的。商家们可以使用多类问答平台来做线上推广，将用户吸引到平台商店当中去。

5．QQ推广

QQ推广是一种较为普遍的推广形式，用在网店推广引流上也未尝不是一个好方法。例如QQ的空间推广、QQ的好友推广、QQ的群推广等。

4.4.4 微信营销

微信营销是网络经济时代企业营销模式的一种创新，伴随微信的火热而兴起。微信没有地区范围的限制，用户在注册微信后，能够和身边同样注册信息的好友构成联系，用户可以订阅需要的消息，商家利用提供用户需要的信息来对自家的商品进行推广，从而实现点对点的营销。

1．微信营销的特点

（1）点对点精准营销。微信的精准度之高，在于企业对意向人群的掌握，特别是对新老客户的掌握。大部分企业在做微信营销时，第一步就是将所有的老客户都邀请进来，然后想办法把潜在的意向人群邀请进来，如此企业在做微信营销的时候就拥有非常高的精准度，这也是微信最有优势的一点。微信拥有巨大的用户群体，每一条信息都可以借助移动端的优势，即天然社交环境和位置定位，让每一个用户都有接收到这条信息的机会，从而有效协助商家达成精准的点对点营销策略。

（2）形成强关系的机会。微信的点对点的产品形态，决定了它可以利用互动的形式，将普通的关系发展成强关系，这样它的价值就更大了。通过互动的方式为用户答疑解惑，可以有效拉近商家与消费者的距离，让商家和消费者成为朋友，消费者不信任陌生人，但信任朋友，而且公众号是粉丝主动订阅的，信息也是自动推送的，所以因为"垃圾"信息而引起粉丝抵触的情形是几乎没有的。

2．微信营销的优势

（1）微信达成真正意义上无空间限制的交流，可以一对一、一对多，文字、图片、视频都通过移动通信设备进行传输。所以微信是一个很便捷的交流工具。营销是需要用户量和便捷的交流，以上这些优势奠定了微信营销的坚实基础。

（2）微信的曝光度几乎百分之百。曝光度是衡量信息发布成效的指标。微信的普及范围非常广泛，就像发短信一样，可以直接传送到用户的手机上，几乎100%的用户都能看到消息。

（3）展示方式方便、亲切，让人没有距离感。微信交流就像平时的短信、电话交流一样，微信还可以进行视频交流。所以沟通起来非常便捷，因而微信营销的核心内容就是 Face to Face（F2F）营销。

（4）微信是非常好的客户管理工具。微信公众平台可服务于商家。利用微信可以更顺利地开展消费者信息管理工作。比方说，大家每天都会收到的垃圾短信，其中一个关键原因就是没有管理好客户信息，没有把老客户、新客户等分门别类，导致把给新客户的信息发给了老客户，从而产生了很多垃圾信息。而微信可以很好地把客户归类，然后定时发送给某一类人群他们所需的信息。还可以与客户进行互动，设置查询、查找等功能。所以说微信这个软件对于客户管理来说是一个非常好用的工具。

3. 微信营销的方式

（1）位置签名。商家可通过不收费的广告位"用户签名档"为自己作营销推广。结合微信的另一款特色应用"附近的人看"，用户能够根据自己所处的地理位置，对身边的微信用户进行搜索。如果"附近的人"的用户足够多，商家利用"用户签名档"产生的广告效果也会不错，签名栏摇身一变，成了一个流动的"黄金广告位"。

（2）二维码。用户使用"扫一扫"功能，识别二维码身份，能够添加对方为好友，商家则可以自行设置品牌二维码，用优惠和折扣吸引用户的眼球，开拓O2O营销模式。

（3）公共平台。利用微信公共平台，App开发者能够接入第三方App，也能够在微信附件栏中放入App的LOGO，用户能够便捷地调用第三方App进行会话中的内容挑选和分享。

（4）公众平台：在微信公众平台上，每人利用一个企鹅账号就能够建立自己的微信公众账号，并与目标人群在微信平台上进行全方位的文字、图片、语音交流互动，增强与特定人群的互动性。这打通了企业在移动端直接与目标客户进行F2F营销的"任督二脉"。

（5）社交营销。微信的功能优于以前的任意一款通信工具，并且在这个基础上衍生出了许多十分适用且风趣的功能程序。例如，微信群、朋友圈都是很好的社交营销工具。

考证知识点指引

鉴定范围	知识点	中级电子商务师	高级电子商务师
网络推广	网络推广的基本概念	√	√
	网络推广的职能	√	√
	网络推广的特点	√	√
网店站内推广	网店站内推广的思路		√
	网店站内推广的方法		√
搜索引擎优化	SEO 的概念	√	√
	搜索引擎优化的内容	√	√
	搜索引擎优化的方法	√	√
社群营销	社群营销的概念		√
	补群营销的方法		√
	新媒体推广方式		√
	微信营销		√

本章实训

以小组为实训单位，选择本课程提供的企业资源包内的产品或者业务，结合本章内容，进行线上业务推广方案的策划。

第五章

电子支付与结算

💻 知识目标

了解电子支付基本概念

了解电子支付系统的构成

了解网络银行与第三方支付

了解移动支付

💻 能力目标

掌握电子支付系统的搭建方法

掌握电子支付的安全保证措施

掌握电子支付的发展方向

💻 章节引导

所谓电子支付，是指在电子商务交易中心，单位或个人采用数字化方式，直接或间接进行货币支付或资金流转的行为。电子支付具有比传统支付方式更高效、便捷、经济的优势，可以不再被时间与空间所限制。其效率之高是传统支付所无法比拟的，并且支付成本仅为传统支付成本的几十分之一，甚至几百分之一。在电子商务中，支付过程是整个交易活动中至关重要的一步，同时也是电子商务中对准确性、安全性要求最高的过程。

引导案例

广州实物商品网上零售额逆势增长三成，新业态新模式引领全国

2020年，面对新冠肺炎疫情的巨大冲击，广州市电子商务工作聚焦"双循环"，服务"六稳""六保"工作，创新举措，奋力作为，充分发挥电子商务助力经济复苏、消费升级的积极作用。全年，广州市实物商品网上零售额1937.42亿元，逆势增长32.5%，比全国高17.7个百分点，是全国的两倍多，占社会消费品零售总额的百分比从2019年13.9%提升到21%，拉动社会消费品零售总额回升5个百分点。电商已成为广州市贯彻新发展理念、构建新发展格局、推动经济高质量发展的新亮点和新引擎。

结合常态化疫情防控的需要和全面提振消费信心的要求，广州市筹划举办多场次线上促销活动，向全球传递广州"人""货""场"集聚的产业优势和发展新经济的火热氛围。从3月份的"广州直播带货年"启动仪式，到6月份首届直播节（中国·广州）、9月份直播电商产业年会（中国·广州），再到首届广州11.11城市购物节，以及贯穿全年的直播带货活动，广州每月组织不少于1场电商活动，使电商市场始终保持很高的热度，有效带动社会消费品零售总额增速回升。

针对去年脱贫"攻坚战"叠加疫情"阻击战"的实际情况，广州市鼓励多类型经营主体拓展农村电商业务，广泛开展"e网情深，电商助农"专项行动，帮助贫困地区优质农特产品"出山进城"。在强力推动消费扶贫的过程中，广州农村电商取得亮丽的成绩，广州医药集团有限公司助力贵州打造的刺梨产业成功入选国务院的"中国企业精准扶贫50佳专项案例"，广州风行乳业股份有限公司、欢聚集团、广州王老吉大健康产业有限公司等成功入选广东电商扶贫20强。

案例思考

你认为未来电子商务的发展是如何推动电子支付的创新的？

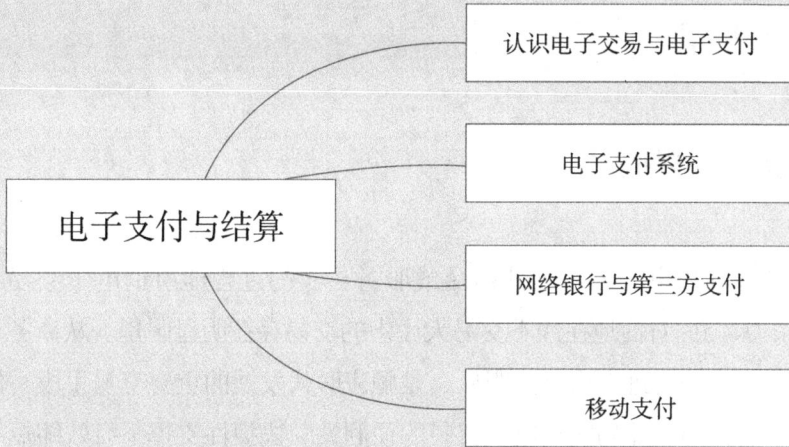

电子支付与结算

认识电子交易与电子支付

电子支付系统

网络银行与第三方支付

移动支付

第一节 认识电子交易与电子支付

5.1.1 电子交易概述

交易各方利用电子系统展开商品或服务买卖的过程即所谓电子交易（Screen Trading），其与面对面地在线下交易大厅中的交易存在明显区别。从商务发展层面来说，电子交易的促进作用极为明显，是顺应时代发展的重要交易手段。供应方与合作伙伴、客户与企业均能在电子交易的便利性、快捷性支撑下有效缩短相互之间距离，密切合作，而且电子交易能够有效降低企业经营成本和交易成本。

电子交易的内涵特点如表5-1所示。

表5-1　电子交易内涵特点说明表

信息共享	通过电子化平台，买卖双方共享信息
电子订购、电子支付	买方通过电子化平台完成商品或服务的订购和款项支付
订单的执行	双方交易款项得到确认后，可以顺利进入订单的执行
售后服务	在遇到售后问题的时候，电子化支付平台的支付模式有利于保护交易双方的权益

5.1.2 电子交易的基本业务

现代社会的电子交易，其基本业务主要有以下3种：网络商品直销、企业间互联网交易、网络商品中介交易。

1. 网络商品直销的具体流程

（1）用户通过互联网浏览厂商自建电商平台上的相关产品或服务信息，向厂家发出购物订单；

（2）用户选择支付方式；

（3）厂家验证支付信息；

（4）当用户付款信息得到确认后，厂家给用户送货；

（5）用户的开户银行将支付款项转账到厂家的开户行上，并通知用户。

2. 企业间网络交易的具体流程

（1）买方企业通过公共信息平台发布对相关产品的需求、合作、招投标等商业信息；

（2）卖方企业通过公共信息平台获取买方企业的联系信息，提交企业资质以及相关的产品信息；

（3）买方和卖方在信息交换平台上进行价格谈判，确定运输和交货的流程，并签署采购协议，然后进行电子交付，并委托物流企业为客户送货。

3. 网络商品中介交易流程

（1）买卖双方通过互联网将相关信息数据发送至网络交易中心，参与者可以在交易中心查询到相关交易数据和市场信息；

（2）交易双方根据交易中心提供的信息选择自己的贸易伙伴，交易中心从中撮合，促使交易双方签订合同；

（3）买方在交易中心指定的支付平台办理付款手续；

（4）交易中心委托物流公司将卖方的货物送交买方；

（5）金融机构向交易双方发送收付款信息；

（6）交易中心向交易双方发送发货信息。

4. 电子交易与传统交易的区别

（1）传输和获取信息的方式不同

传统：买方和卖方要通过多种媒体或者面对面进行交流，这样增加了采购的时间和费用，很难让两方进行协调。

电子：发送和处理信息的应用程序不是同一个，但是所有业务都以数码形式开始，最终以数码形式结束。

（2）商家处理客户订单的方式不同

传统：商家与客户充分沟通之后，要求客户提交正式的书面采购合同，双方签字确认，在买家按合同要求支付相应的款项后，才会安排货物的交付。

电子：商家在接收从用户那里发过来电子订单后，查看仓库是否有库存，以消费者的需要为依据提出营销策略，并在网上查询用户的信用、确认支付信息等。

（3）交易中涉及的媒体不同

传统：一项交易沟通所涉及的媒体有多种

电子：所涉及沟通的媒体就是网络

5.1.3 电子支付概述

1. 电子支付的概念

电子支付，是指在电子商务交易中心，单位或个人采用的数字化方式，直接或间接进行货币支付或资金流转的行为。电子商务系统中的支付环节，主要是通过电子支付来实现的。金融机构、企业或顾客进行网络交易时使用安全的电子支付手段，通过网络进行资金流转或货币支付。

2. 电子支付发展经历的几个阶段

电子支付发展阶段如表5-2所示。

表5-2　电子支付发展阶段表

第一阶段	是一家银行通过电脑进行银行间的业务，并进行结算
第二阶段	是指银行电脑和其他单位电脑的资金结算，例如支付薪金等
第三阶段	是指通过互联网终端为用户提供诸如ATM自助银行等各种业务服务
第四阶段	可以通过销售终端POS系统，向用户提供自动扣款服务
第五阶段	通过网络才能进行的电子支付方式，有效整合第四阶段网络与电子付款，可以根据需求，选择在任何时间、任何地点通过互联网进行直接转账结算，形成电子商务交易支付平台

电子支付这种新型支付手段的发展历程如图5-1所示：

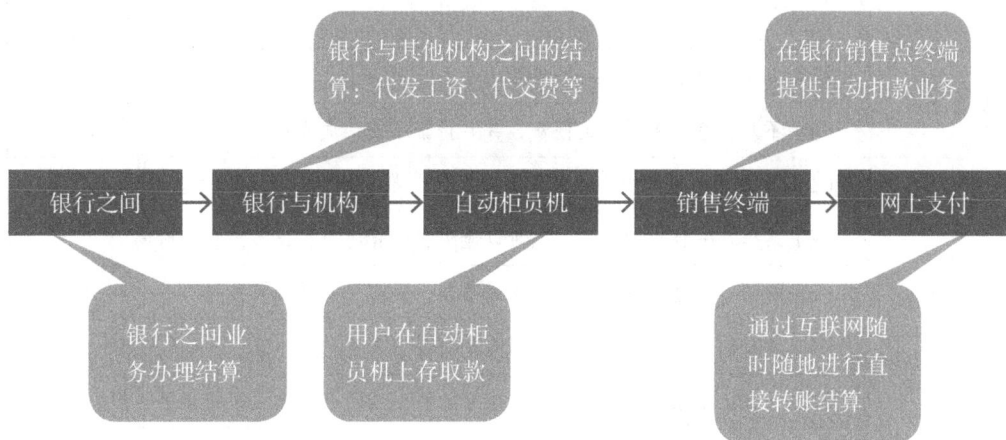

图5-1 电子支付发展历程图

3. 电子支付的特点

这种支付方式是一种新型支付手段，是社会经济快速发展的产物。电子支付通常具有技术先进、系统平台开放、通信手段先进的优势，这是传统线下支付方式不具有的特征。

（1）电子支付是利用电脑信息的数字流转来实现信息的传递，所有的付款均以数字化的形式进行；而传统的支付方式主要是流转现金、票据和银行汇兑等；

（2）电子支付的工作环境是建立在诸如互联网等开放式系统平台上的；传统支付模式只在小范围内进行，因此其局限性比较明显；

（3）采用最新通信工具进行电子支付；而传统支付使用的则是传统的通信媒介。电子支付通常需要微机、相关软件和其他辅助设备；而传统的付款方式则不需要；

（4）便捷、快速、效率高是电子支付的优势。通过网络，使用者可以在足不出户，在极短的时间内完成付款，花费远低于传统的方式。

表5-3 各类支付方式的特点

类型	特点
现金支付	（1）现金是不记名的，只要你手上存放着现金，你就可以用它来付款
	（2）分散

（续表）

类型	特点
现金支付	（3）交易即时性，即"一手给钱，一手给货"
	（4）不足：它受到时空的限制，并且携带不便，成本高
票据支付	（1）用票据而不是现金，能极大地降低携带现金带来的不便和危险
	（2）票据是一种付款方式，它可以避免在计算时出错，节约计算时间
	（3）解除了现金交易在同一地点的限制，提高了交易的可能性
	（4）票据的兑换功能允许进行批量的交易
	（5）不足：本票必须经发票人签字后才能生效，付款方式不再以匿名形式进行
电子支付	（1）先进的技术
	（2）开放的系统平台
	（3）先进的通信手段
	（4）明显的信息保密优势

5.1.4 电子支付的类型

电子支付按指令发起方式分为线上支付、电话支付、移动支付、销售点交易、自动柜员机交易和其他支付方式。以下是对最重要的三种付款方式进行的解析。

1. 线上支付

线上支付，是电子支付的一种。从广义上讲，在线支付是指利用互联网，以金融机构提供的数据金融方案为基础，将可靠、安全的金融服务提供给交易各方，完成由买家向银行、企业的网络资金交付、资金流动、资金处理、数据查询的过程，以此为电商及其他业务提供资金保障。

2. 电话支付

电话支付是指消费者想要在银行系统中直接向卖家的银行账户进行支付就必须要通过手机（固定电话、手机等）或其他设备进行操作。

3. 移动支付

利用手机等移动设备进行无线支付就是移动支付，手机、手提电脑、PDA等均属此类移动支付设备。移动支付的特点有：移动用户规模大、手机支付份额大、移动运营商实力强大。目前，近距离非接触式技术的应用、第二代手机电子钱包支付、联动优势业务等已成为我国移动支付领域快速发展的一个主导方向。

5.1.5 电子支付存在的问题

1. 社会信用机制需要进一步完善

电子支付发展的一个决定性因素在于互联网用户对于支付安全的信心。开放性是网络的一个基本特征，交易各方基于电子途径进行信息交互、商品或服务交易，没有面对面交流，所以交易真实性的考察难度更高，对社会信用体系的要求更高。我国社会信用机制经过多年的建设发展，民众对于电子支付安全性的信心也不断增强，电子支付被应用到更多的领域，我国的社会信用机制仍然需要进一步完善。

2. 电子支付相关法律法规需要进一步完善

我国电商发展已经走过二十余年的发展历程，但是电子支付仍然是一个比较新的领域，面临的问题依然有很多，而且此类问题的制约影响比较明显。很多电商企业游走在政策的边缘，利用法律漏洞去获取一些"机会利润"。基于前述行为规范需要，国内有关规范电商行为的一系列法规陆续发布、实施，如《中华人民共和国电子签名法》等。

3. 电子支付活动存在用户信息泄露的风险

电子商务企业在5G技术的发展支撑下可以为用户提供更优质更高效的服务。优质服务提供过程中，企业会获取用户的个人信息，如果商家对于信息的监管和用途没有很好的规范，则有可能会泄露用户隐私。因此极有必要从法律制度层面做好安全防范工作，最大限度保障电子支付安全可靠。

第二节 电子支付系统

5.2.1 电子支付系统的构成

在网上支付领域应用比较多的是网上购物、网上银行和网上证券等，其中，网上购物交易在网上支付中具有比较普遍的意义。

网络交易环节，金融机构、电商企业、顾客以安全支付途径为支撑，网络将支付信息传输给银行，买卖双方所需要的商品或服务交换就此实现。电子商务的交易过程中，用于进行商品或服务交易的货币不再是现实货币，而是表现为二进制字符的网络虚拟货币。日常的电子支付方式并非只有线上支付一个途径可选，如在自动存取款机上进行存取款、转账和支付，使用银行卡在超市的电子转账系统（POS）进行电子资金转账，买卖双方还可以通过"支付宝"等第三方转账支付，因此，电商支付通常涉及多方主体。

电子商务系统是由不同部分构成的，其中之一即为电子支付系统。电子支付主要是指银行、商家、顾客基于互联网，向金融机构进行支付信息传输，由后金融机构进行信息处理，完成商品或服务交易资金支付的过程。电子支付系统本身属于整体性、综合性系统范畴，集金融、信用、认证、购物流程于一体。

当客户方需要通过网络购买商家方的商品或服务时，客户方通过网银、信用卡等支付工具发起支付，商家以客户发出的支付指令为依据将货币给付的信息发送给银行，在商家方获取客户支付的货币的同时，商家需要交付商品。整个过程就是电子支付系统的工作过程。这个过程中还涉及以下关键环节。

客户（企业或个人）账户所在银行即为客户开户行，客户可以从开户行获得相应的支付手段支持来实现交易。客户开户行在提供支付工具的同时，也提供了一种银行信用，保证支付工具的兑付。

商家企业账户开设的银行就是商家开户行，其账户是整个支付过程中资金流向的地方。消费者发出的支付指令被商家收到后会被转交至商家开户行，支付授权请求及银行间结算工作通过商家开户行来完成。商家开户行是依据商家提供的合法账单（客户的支付指令）来操作，因此又被称为收单行。

支付网关是支付信息向金融机构发送的唯一通道或者说枢纽性环节。支付网关关系着银行安全、支付结算安全。电商交易实践中通常需要将交易、支付这两种信息同步发出，因此确保在发送环节，与交易不相干的任何第三方均不可以阅读到这两种信息，比如，商品总价、商品种类等交易信息即便是银行也不可以阅读，卡号、授权密码等支付信息即便是商家也不允许阅读。银行系统内部通信网络即金融专用网安全性比较高，包括中国人民银行电子联行系统等。支付网关、商家与客户等商务活动参与方的数字证书来自认证机构，其主要功能是确认参与方身份，就此保障安全支付。

支付工具及其必须执行的支付规则、合同或协议也是电商支付系统的有机组成部分，因此我们说，电商支付系统是所有参与方、支付协议或工具之间的结合体。

5.2.2 电子支付系统的功能

业务安全性确认。使用加密技术对业务进行加密。可以采用单钥密码体制或双钥密码体制来进行消息加密，并采用数字信封、数字签名等技术来加强数据传输的保密性，以防止未被授权的第三者获取消息，确保业务安全性。

业务完整性确认。此类确认通常基于消息摘要算法完成。为保护数据不被非法用户（未获系统授权者）篡改、删除、嵌入，接收方能收到所有信息，可以使用数据杂凑算法：即生成消息摘要（以原文杂凑为基础生成）向接收者发送，以便后者能以摘要为依据分析判断接收信息的完整性。如果接收者认为未收到完整信息，那么发送端将再次发送。

确保业务不可否认性。交易纠纷客观存在，一旦发生交易矛盾，支付系统必须提供证据为用户化解风险提供保障，比如接收方否认完成了信息接收，发送方对所发信息不予认可等。交易环节中，支付系统要在尽可能短的时间内完成充足的证据提供或生成，以便完成是非曲直判断，可采用不可否认签名、仲裁数字签名等方法。

多边支付问题处理。网络支付事关银行、商家和消费者等各方参与主体，因此发送的商品或服务消费信息应有效连接支付指令，只有商家确认了支付信息，交易才能继续进行；也只有银行确认了购付信息，支付才能继续进行。但消费者的支付指令不能被商家读取，客户购货信息也不能被银行读取，可通过双重签名等技术实现多边支付关系。

5.2.3 电子支付系统的安全要求

互联网具有开放性，以互联网为支撑的电商安全同时涵盖了通信安全与交易安全。信息发送导致的信息安全问题即为通信安全。交易安全实质上就是电子支付的安全。在通信安全的前提下必须全面保障电商交易的过程安全，有效使用电子单据、确认交易者身份与交易信息等均可保障交易过程安全。

电子支付系统的安全必须从法律、技术和管理等几方面综合考虑，技术、管理和法律三者相辅相成、缺一不可，只有如此才能真正地保障电商安全、稳定、有效、快速地运行。电商系统安全运行需要制定严格的管理制度，有效管理电商交易过程中的所有行为；电商安全应制定和完善各项具体的电子商务法规框架，确保电商法规建设体系化；处理电商安全风险问题时必须要基于技术视角展开，需要建立一套有效的计算机网络安全体系与保密体系，包括硬件系统和软件系统的全面防范措施。

5.2.4 电子支付手段

随着计算机技术的发展，电子支付的工具越来越多。这些支付工具可以分为三大类：

（1）电子信用卡类，智能卡、信用卡、借记卡、电话卡等；

（2）电子货币类，如电子现金、电子钱包等；

（3）电子支票类，如电子支票、电子汇款（EFT）、电子划款等。

不同支付工具情况如表5-4所示。

表5-4 各个类型的支付工具说明

信用卡	信用卡是主要的网上支付工具，是全世界最早使用的电子货币。信用卡于1915年起源于美国，是按用户的信用限制事先确定一个消费限度，用户可花完卡中的余额，并支付一个最低费用，信用卡发卡银行将对未结清的赊账收取一定的利息
智能卡	智能卡是在一张信用卡大小的塑料卡片上安装嵌入式存储器芯片的IC存储卡。IC卡与ATM卡的区别在于两者分别是通过嵌入式芯片和磁条来储存信息的。但由于智能卡存储信息量较大，存储信息的范围较广，安全性也较好，逐渐引起人们的重视

（续表）

电子现金	电子现金（E-Cash）是一种以数据形式流通的货币。它把现金数值转换成为一系列的加密序列数，通过这些序列数来表示现实中各种金额的币值，用户在开展电子现金业务的银行开设账户并在账户内存钱后，就可以在接受电子现金的商店购物了
电子钱包	电子钱包是电子商务活动中网上购物的顾客常用的一种支付工具，是在小额购物或购买小商品时常用的新式钱包
电子支票	电子支票（Electronic Check, 简称 E-Check）是纸质支票的电子替代品，利用电子传递将钱款从一个账户转移到另一个账户的电子付款形式

第三节 网络银行与第三方支付

5.3.1 网上银行

1．网上银行的概念

金融机构实施信息化、电子化战略，逐渐从支付结算的传统中介服务机构发展为多功能、全方位、全天候的金融服务体系，电商发展也因此而获得了更多的推力。

网上银行服务（Online Banking Service，简称OBS）简称网上银行或网银，这种诞生并流行于二十世纪九十年代中期的新型银行服务模式能提供各种金融服务，其基本支撑就在于互联网，实体技术包括网络技术和计算机科技。而电商的兴起持续加快了网银发展，创新与变革极具颠覆性意义。从电子商务方面来看，网上银行已经成为网络支付的一个重要途径，网上银行转账支付包括网银直接转账支付和电子支票转账支付等形式。网银可以将特色化、个性化、具有增值功能的各种服务提供给客户，提升服务针对性。目前，各国各地区的各类银行个性化网站均已建立，富有银行特色的线上金融服务、业务功能纷纷上线运行。

2．网上银行的分类

（1）按组织形式，网银可以划分成依托传统银行业务发展的网银、纯网银

纯网银本质上属于虚拟银行，其发展的基础完全在于网络，其最大的优点就是无须开设分支机构，人员精干，费用相对较少，运作成本低。其以现代科技为支撑，和客户建立密切的联系，提供全方位、全链条式金融服务，满足用户需要。美国安全第一网络银行（Safety First Internet Banking，简称SFNB）就是纯网银中的杰出代表，该行职员数量少，管理费用仅占该行总资产的1%，但是，传统银行的管理费用支出明显更高一些，其比例一般为3%~3.5%。

（2）按服务对象，可以将网银划分成个人网银与企业网银

家庭、个人日常转账与消费支付是个人网银的基本功能，个人理财、证券服务、网络支付、自助贷款、缴费、转账、账务查询等均在其业务范围内。个人网银能将个人财务状况随时呈现在用户眼前，转账支付等业务可以轻松完成。

企事业单位基于业务发展需要通常需要开办企业网银，B2B电子商务、定活期存款互转、信用管理、代发工资、对外支付、账务查询等均在其业务范围内，从其业务类型来看，基本上涵盖并延伸了现有的对公业务。企事业单位对自身财务状况一目了然，大额转账、工资发放、支付等业务处理起来简化、便利。企业网银通常要求较高的安全标准，主要是由于企业的业务所涉金额一般比较大。

3．网银具有传统银行无可比拟的优势

（1）能显著地降低银行的运营成本

网络是网银处理银行业务的平台，部分传统线下营业网点被这种线上虚拟银行逐步替代，减少了银行网点数，银行管理与经营成本、用工成本双双下降。传统线下营业网点的开设通常需要巨额投入，一般约350万元人民币才能建立一家线下营业网点，经营成本占经营收入的60%，网银则只要15%~20%经营收入的即可满足经营成本需要。银行业内的分析研究认为，如果客户在银行营业大厅办理业务，金融机构每笔交易成本一般来说在6.60元左右；通过电话银行办理业务的平均交易成本是3.64元；通过银行ATM办理业务的平均交易成本是1.67元；通过互联网的网上银行办理业务则每笔交易平均成本低于0.62元。

（2）在线服务不受时间和空间的限制

在互联网的支持下，网银已对所有可达空间实现全覆盖，可以提供全天候、不间断、安全、准确、快捷的在线服务，金融服务、业务处理过程中的时空约束就此被全面打破。

（3）降低了客户的交易成本

个人和企业用户可在家或办公室全天24小时获得网上银行的在线服务，操作简单易用，交易成本降低的同时可以有效提高业务质量与效率。

（4）提高了企业资金的管理效率

使用网上银行可以使资金流动速度加快，资金在途时间缩短，利用率、效益也会相应地增加。

（5）实现了银行机构的网络化

"无边界"是网银的特点，线下网点业务拓展的限制被全面突破。由于网上银行的兴起，银行发展将由注重扩大分支机构和营业网点变为注重扩展网络金融服务。传统银行文件、单据、票据也因此而迎来全面电子化。

5.3.2 第三方支付平台

1. 第三方支付的概念

非银行支付机构实质上是一种第三方支付机构，这个名称来自官方文件，其概念是，非银行支付机构是指经过中国人民银行批准，从事第三方支付业务的非银行金融机构，其应为取得"支付业务许可证"。

2004年以来，第三方线上支付业务在我国进入全面、稳定、持续、快速发展阶段，而其爆发式增长时期则是2008—2009年，2010年中国人民银行相关政策发布实施，这种新型支付模式的原始成长期结束，也就此正式纳入了国家金融监管体系，现阶段第三方支付已经在我国众多的行业得到了有效的应用。

以行业为标准，此类支付平台能进行不同类型细分：

（1）互联网型支付公司。比如支付宝等，此类支付企业的主要支付方式均为线上支付，且与大型电商网站绑定，做强、做大的速度极快。

（2）金融型支付公司。比如汇付天下等，行业应用拓展与行业需求是其主导模式。

（3）第三方支付公司。这种独立机构基于银行监管体系而为交易各方利益提供有效保障，在银行与客户间完成相关支付程序（数据交换、信息确认）设计，由于其以非金融机构为信用中介，与各国各地区大行签约，所以实力强劲，信用保障理想。

隶属蚂蚁金服的支付宝、环迅支付IPS、网易旗下的网易宝、百度C2C的百付宝、腾付通、拉卡拉、PayPal（美国）、银联商务等均属此类第三方支付机构，此类支付机构多达数十种。PayPal为欧美地区第三方支付服务供应商。

2. 第三方网上支付的特点

（1）网络交易方面的安全与信用困境迎刃而解

以大型门户网站为依托的第三方网上支付平台基础稳固，特别是与其合作的银行为其提供了信用保障，摆脱传统线上交易的信用困境，这对电商发展极为有利。而且因为消费者的银行卡信息不会被商家看到，所以信息泄露风险最小化甚至零风险。

（2）理解接受简单，支付简便

与有关支付协议（安全电子交易协议等）相比，支付更加简便，这主要是因为第三方承担了消费者与商家的交易风险。比如2013年上线运行的线上银行卡快捷支付，此类通过第三方进行的线上支付速度更快，操作相当便利，因此其也是线上支付模式创新的代表，线上消费过程中，用户即便未开通网银账户，只要把自己的手机号码、户名、银行卡号等信息提供给第三方网上支付平台，银行就能进行手机号码验证操作，如果验证结果无误，那么第三方支付平台会将相关动态口令发送到消费者所提供的手机号码上，而消费者只要把其所收到的动态口令准确录入即可确认消费信息准确性，线上费用支付也可以迅速完成。而且，用户如果将卡信息保存下来，那么未来线上消费支付将会变得更加简单，仅需将支付密码（来自第三方支付平台）或手机动态口令录入，同样可以迅速完成支付操作。

（3）线上消费便利、迅速

提供各种应用接口程序是第三方支付平台的一项基本功能，基于此，其能在单一界面整合数十张银行卡支付方式，以此对接银行（交易结算环节），线上消费会因此而变得更加方便、迅速。无论是商家还是消费者，都不需要金融账户开设环节，线上商家运营成本和客户消费成本会因此而双双下降；银行网关开发费用同样会有一定程度的减少，能提高银行的隐性收益、间接利润。

5.3.3 电子钱包在线支付

日常生活、工作和学习过程中，客户线下消费、线上消费的支付多会用到电子钱包。

1．电子钱包的概念

消费者电子钱包进行线下或线上支付，是具有交易记录存储功能的一种硬件或软件设备，英文为E-Wallet或E-Purse。电子零钱等电子货币可以存放在电子钱包内，也能与银行卡绑定，无论是离线或是在线支付都可以基于电子货币完成，是一种适合消费者网上购物小额支付的重要工具。近几年，关于这类支付工具的创新也非常活跃。电子钱包大体能划分为软件形态电子钱包、硬件形态电子钱包。

2．智能卡类电子钱包

目前，硬件形态电子钱包主要是智能储值卡（IC卡）电子钱包。持卡者需要将相应数量的资金预先存进储值卡内，以便线上交易过程中可以直接扣除该储值账户的卡内对应的交易费用，其发行方大部分为非金融机构。其现已全面进入飞速发展阶段。因此我们认为，区域性电子钱包（智能储值卡）具有极其强大的发展竞争力、生命力。

根据用途，可以将智能储值卡划分成单用途卡和多用途卡两大类。从小额支付方面来看，多用途卡与现金无差异，能跨行使用，也叫电子钱包卡；单用途卡仅可用于特定领域，也可以称为行业卡或预付费卡。功能单一的预付费卡多用于小额支付，如国内许多城市将智能储值卡用于公共交通、餐饮连锁店等。2022年，我国大部分超市、加油站、停车场、旅游集散地、汽车租赁、高速公路收费站、公共交通等场所均可使用智能卡消费。

卡类电子钱包特征主要包括：

（1）使用环境相对封闭

智能储值卡通常只能用于比较封闭的环境，应用空间较小。

智能卡电子钱包（非接触式IC卡）同样比较流行，特别是近年来，其普及程度越来越高，部分小额快速支付基本上不用签名或密码输入即可迅速完成，也就是闪付（Quick Pass）功能。此类钱包中的电子现金有时还能进行实体货币兑换。

（2）小额支付

银行卡使用的基本标准要求是在线授权认证，需要有相应的通信环境支撑，如果小额支付频率高、次数多，则更适合选择卡类电子钱包。卡类电子钱包通常设有资金额度标准，这是基于风险控制需要而采用的一种安全策略。

（3）脱机交易

IC卡具有密码存储功能，可采用本地密码验证。因为无须联机验证持卡者身份，所以从电子钱包交易方式来看，大多选择的是脱机模式，可以迅速完成交易过程。

（4）非实名制

电子钱包，不记名、不挂失越来越多，究其原因，主要是满足交易速度提升、交易机制简化、维护成本降低的需要。

3. 在线电子钱包

线上电子钱包系统是软件形态电子钱包的主体，实质上就是一种加密账户软件，能给用户提供交易记录存储、安全电子交易功能。但需要指出的是，必须基于线上服务系统才能选择这种钱包完成线上支付。支付宝、PayPal等线上电子钱包服务系统在国内、国际均具有一定的代表性。

与此同时，客户需要下载安装客户端软件，才能使用软件形态电子钱包。部分电子钱包支持不同操作系统，区别在于，设备不同，软件版本也不一样，比如苹果iOS平台的App与安卓平台的App不同等。移动端电子钱包信息会下载到客户端存储，用户网络购物时需要与服务器联网进行在线支付，速度快、便捷、安全等是其优势。

第四节　移动支付

终端科技发展速度加快，原本在功能、性能方面具有天壤之别的钱包与手机两者已经实现融合，手机终端越来越智能化。2022年，移动支付已经成为我国手机终端的一个普遍应用。

移动支付经历了由购买移动增值服务到短信支付再到WAP等无线互联网支付等阶段。

（1）第一阶段：购买移动增值服务

移动支付业务发展的初期，用户购买并下载相关增值业务（手机铃音等）是其业务主业态，通常由通信月账单统一支付。后来逐步发展到利用网上购物平台购物，用户只要完成了自己的手机号码录入操作，系统即能在话费中直接扣除消费费用。

（2）第二阶段：短信支付

利用短消息上下行方式办理移动支付业务，是扩展的短信服务业务。利用短信提供移动支付相关业务，对于客户而言进入门槛低，相对容易，但如果业务内容比较复杂，无法用文字明确表达，就会增加短信输入的烦琐程度，而且会对银行与其客户之间的有效交流造成阻碍。特别是短信不能提供较高的安全保障，如果短信被他人截取，内容呈现得一清二楚。向客户发送密码等都属于高级机密，如果用户的手机被盗，其支付信息就有泄露的危险，因为这些短信可能还保留在手机中。此外，短信具有不可靠的特点，由于种种原因，用户并没有收到与扣费相关的信息，而扣费方对此短信的路径也无法追踪，所以这种业务的种类等会受到限制。

（3）第三阶段：WAP等无线互联网支付

在无线互联网的帮助下，移动支付进入新时代，彻底摆脱过去短信输入存在的各种弊端，在时间和空间上都有所突破，在此推动下，WAP移动支付迅猛发展。欧美地区比较盛行这种方式。但因为网络速度有快有慢，以及数据传输速度等因素限制，人们不得不寻找新的渠道和途径进行支付。

（4）第四阶段：手机软件支付

利用手机从相关平台上下载支付App从而达到便利移动支付的目的，并对银行账户进行及时高效管理。此阶段作为过渡阶段，其发展初见端倪就被下一阶段的智能卡移动支付所替代。

（5）第五阶段：智能卡移动支付

这种支付方式就是把智能IC卡和手机这两个工具结合起来使用，这样就能在手机上实现非接触式支付，此时IC卡成为支付的载体和桥梁。在NFC技术与移动通信网络等的帮助下，不用接触就能实现近场和远程支付。和金融IC卡的运作模式基本保持相同，使用智能卡手机进行现场支付流程比较简便。而借助手机App与用户交互，就能实现远程支付的操作。

5.4.1 移动支付的技术背景

由新技术引起的信息革命，是移动支付诞生的技术背景，在这些新技术里面，移动通信技术、互联网技术及物联网技术最重要。

1. 第一代移动通信技术

也就是最初的1G，20世纪80年代产生。按照当时的技术只能拨打语音，也就是蜂窝电话。这种通信是借助模拟和频分多址技术实现的，但由于是第一代，网速等都有限制，没有长途漫游的功能，只能在一定区域内实现通信交流。最终，因为没有足够的通信容量和私密性，而且没有自由漫游等业务，第一代移动通信技术在许多地方已经被淘汰。

2. 第二代移动通信技术

也就是GSM，起源于欧洲移动通信技术标准。之所以创造这种技术，就是为了能够在世界范围内使用同一个电话网络来进行沟通。使用者只要有一部手机，就能实现在全球各个角落进行交流。第二代移动通信技术与第一代相比，从最初的蜂窝移动通信升级到数字化技术，此时不再具有不能保密等缺点。相反，它所能带来的业务内容非常丰富，而且能达到高标准。如此一来，移动通信就变成主导的通信方式，并且获得空前绝后的发展。

3．第三代移动通信技术

在第二代的发展成果上进一步创新和改进，最终成果就是3G。

以宽带CDMA技术为主，彻底突破了前两代存在的弊端。这种技术比较先进，不但能够提供语音服务，而且还能进行数据业务传输。同时，与前两代相比，第三代明显的进步就在于，只要使用者想，他就可以不限时间、不限地点、不限对象、不限方式地实现与任何移动用户的高效率通信和传输。在这种背景下，用户在CDMA技术的帮助下，多种多样的需求都能得以满足。而且那种容量较大的多媒体信息也能够不受限制地进行传输，灵活性很强。

4．第四代移动通信技术

也叫宽带接入和分布网络。在传输数据时可以实现2MB/s的网速，而且这种传输是非常对称的。这种技术具体由无线宽带固定接入以及交互式广播网络等组成。与前三代相比，第四代移动通信的特点在于它所提供的无线服务跨越了频带和无线平台。不管在什么地方，只要使用宽带接入互联网，就可以随时实现跟踪定位以及采集数据等比较先进的技术和功能。

5．第五代移动通信技术

这是截止到目前，世界范围内所能达到的最新通信技术，具有网速快、传输效能高、延时低等优点。对于人机物互联来说，这就是最基本的网络设施。5G技术的三大类应用场景说明如表5-5所示。

表5-5　5G通信技术说明

应用场景技术	说明
增强移动宽带（eMBB）	主要面向移动互联网流量爆炸式增长，为移动互联网用户提供更加极致的应用体验
超高可靠低时延通信（URLLC）	主要面向工业控制、远程医疗、自动驾驶等对时延和可靠性具有极高要求的垂直行业应用需求

（续表）

应用场景技术	说明
大连接物联网（MMTC）	主要面向智慧城市、智能家居、环境监测等以传感和数据采集为目标的应用需求

5G的关键性能，主要是为了从多个角度和领域满足消费者各种使用需求。最初ITU的定义中，5G有8个主要性能，在这里面最具代表性的就是高速率、低时延以及大连接。用户可以体验每秒1G的网速，而时延每秒只有1MB。

5.4.2 移动电子商务规模发展是移动支付的基础

从移动领域考虑电子商务的问题，最终催生出移动电子商务这一概念和实践。直接借助手机等实现商家和客户的交流就属于电子商务活动范围。当前，因为智能终端普及率非常高，而且还在不断取得深入发展，移动端出货量已超出PC端出货量，在而在所有电子商务活动中，越来越多的商家选择采用移动电子商务进行发展。

电子商务在中国有较长发展时间，从最初的阿里巴巴集团等几家网站，发展到了目前上万家电子商务网站"百家争鸣"的局面，交易额也在不断上升，整个行业日渐成熟。

纵观网络购物发展，网购市场在电脑线上购物等的推动下获得发展。现阶段，移动互联网等大范围推广，促使电脑端的网络购物更加的成熟，借助移动终端开展的购物活动也在不断扩大规模。从2014年开始，越来越多的用户开始使用手机进行网络购物，使用PC端进行网络购物已经被移动购物的方式所取代。

5.4.3 移动支付的基本特点

与别的电子支付方式比较，移动支付是移动电话与电子支付的结合体，它能够帮助用户不受时空限制地进行支付活动，它的优点主要有以下几点。

1. 高效管理支付账户

与过去利用银行卡进行支付相比，移动支付一个很明显的特点就是管理账户很方便。当前智能手机用户普及率非常高，手机支付已经成为最主要的支付方式。在智能手机和移动数据网的帮助下用户可以不受限制地对账户余额等信息进行查询，从而高效管理支付账户。此外，手机可以下载客户端，这让离线钱包充值等也变得非常便利和简单，去线下营业厅的时间和精力被节省下来，充分表现出移动支付给人们生活带来的便利。

2. 资金账户的安全性

对于移动支付来说，是否能保证安全是最需要解决的问题。因为电子商务发展过程中必不可少的就是支付问题，所以用户和运营商是否能保障自己资金安全是非常重要的事情。中国社会调查所曾对这一问题展开抽样调查，结果显示，那些使用电子支付的企业，最关注的还是电子支付是否安全的问题。

与PC用户相比，移动设备使用者对信息安全性要求更高。从这个特点出发就引出移动互联网终端应用的另一个特点，那就是共享数据不但要高效，还要确保信息是安全的。互联网的公开透明让搜集用户信息成为可能，但使用移动设备时其他人不能随意共享用户信息。这样一来，移动设备有一定隐私性，所以在使用其进行支付时比较安全。

3. 可移动性

与PC相比，移动设备便于携带，所以使用频率非常高。用户大多数时间都会把移动设备随身携带，只要开通移动支付功能，用户就能不受时空限制地进行支付和结算，而且不用耗费大量交易时间，也不用去线下银行进行支付处理。

4. 服务的综合性

远程支付功能的存在，使用户可以用移动支付来乘坐公交和线下购物。

5.4.4 移动支付分类

1. 从支付过程物理距离来区分，有近场和远程支付是基本的两种方式

利用非接触式受理终端在本地或者接入收单网络完成支付过程就是移动终端的近场支付。从技术上看，近场支付由基于13.56 MHz和2.45 GHz频段的两种技术构成。最常见的近场支付就是手机公交一卡通和电子校园卡等。

不用和商家会面，就能在相应平台上进行购物，借助无线网络和服务器之间的传输来实现付款确认，并利用服务器端对支付交易进行处理，这就是远程支付。数字虚拟产品、水电缴费等都是远程支付的范围。间接使用短信进行支付、直接用移动网络支付和使用智能卡支付三种方案都属于远程支付。

2. 从支付账户性质出发，使用银行卡支付、通过第三方进行支付以及通信代收费等构成移动支付

直接利用银行的贷记卡账户等进行支付就是银行卡支付。通过支付系统和通道服务等把用户和银行这两个主体连接起来，提供转账和支付等服务的就是第三方支付机构。

3. 依据使用者支付的金额的大小，将其划分为：小额、大额

一般而言，对交易金额设置具体的限制，如设定数值为10，小于这个数值时，被叫作小额支付，超过这个数值时，被称为大额支付。小额支付主要用来支付游戏，视频等虚拟物品。大额支付在金融领域的运用广泛。

4. 依据使用者支付结算的方式不同，将其划分为：即时、担保

即时支付是指交易时支付，即在交易发生的同时，钱也同时从买方的账户转入卖方的账户。担保支付，也是由平台承担媒介作用，其在获取买方资金的前提下，将资金交付给卖方，但不是在交易发生第一时间内，首先要向卖方陈述购买款被临时寄存于平台中，只有在卖方发货，买方收货并准确核定后，平台才能够交付货款给卖方。提供商不光承载了将货款传递给买卖双方的功能，还具有担保的功能，当

下使用率最高的这类软件是支付宝。

5. 依据使用者账户存放的差别，将其划分为：在线、离线

在线支付是指卖方与买方在电子商务网站进行交易时，银行为其提供网上资金结算服务的一种业务。它是一种安全、快捷的电子商务资金结算工具。离线支付是指当一个用户用电子现金为其所购的物品付款时，用户与商家之间的协议是离线执行的，商家不必与银行主机相连就可以处理用户的付款，商家也不需要联机进行电子现金的验证等等相关的操作。

5.4.5 移动支付的基本要素

移动支付的深层含义是，借助互联网和移动终端，构建一个满足买卖双方需求的支付平台，把购买者与发货方联系在一起，以求满足买卖双方的交易需求。

1. 支付账户

基于电子支付而言，其内涵为，利用资金在交易账户中的拨付功能，记录其来源与去向，是该类支付主要考虑的问题，所以，支付账户是实施支付业的主要的关键点。其账户主要为：

（1）银行账户

银行账户主要分为借记卡、贷记卡等，优势就是现金流充足，为支付业务提供了大量的现金流，支付业务同此类账户的关系极为密切。

（2）第三方支付账户

用户在第三方支付机构建立的账户。第三方支付公司的账户系统，比如：支付宝，微信等都有自己的账户体系，具体产品表现为：支付宝有支付宝余额，微信财付通余额，这是比较常见的To C的账户，也有是To B的商户账户，即商户接入需要申请商户号。

由于第三方支付机构涉及的账户类型非常多，根据主要场景分类，主要有以下几类账户：用户在各个银行开通的账户、第三方支付公司在各个银行开通的账户、第三方支付自由账户体系、各个银行在第三方支付公司设置的账户。

2．支付应用

支付应用指提供给用户在特定场景下使用的产品，比如扫码收银、二维码支付、打赏、众筹、POS支付、生活缴费、信用卡返款、手机充值等。这些应用是建立在支付产品的基础之上，直接面向用户提供服务。

5.4.6 手机银行

手机银行也称为移动银行，指利用手机、PAD和其他移动设备等实现客户与银行的对接，为客户办理相关银行业务或提供金融服务。手机银行既是产品，又是渠道，属于电子银行的范畴。

对于手机而言，利用移动设备，来浏览金融服务；对于银行来说，提升了软件的便捷性，也被认为是当下银行服务的发展趋势，当下，通过和移动设备联合，各大银行都在开发专属的App。该类手机银行的作用在于，能够让银行服务不受时间的制约，拓展了工作的范围，增加网点，提升了处理业务的能力。中国光大银行手机银行界面如图5-2所示。

通常而言，线下网点与手机银行进行对比，手机银行有着极强的优势。

1．申请简便

该类银行具有极强的便利属性，能够利用银行网站，在手机内下载软件，随后注册，也能够在线下网点，请求工作人员帮用户注册，简单便捷，网上自助注册还具有查询功能。

2．随时使用

手机银行还在使用时间上实现了突破，提供24 h在线服务，使用者通过联网的移动设备，就能打破时间的限制，能够对个人账户实时调配，帮助其完成缴费等任务，极其便捷。

3．功能丰富

手机银行能够实时开展转账汇款等金融服务，使用者及时了解市场行请，有助于获得良好的收益。

4．安全可靠

基于转账支付而言，手机银行存在极强的制约性，只限本人，去网点通过证件实施办理，按照具体的协议规定，才能提供转账的业务。此外，还能够通过验证码等方式，来保证个人信息不遭受泄漏，保障资金的安全性。

图5-2　中国光大银行手机银行

5.4.7 手机电子钱包

目前，在我国市场上推广使用的智能手机客户端电子钱包有多种，较为常见有以下几类：支付宝、微信支付宝等。下面重点介绍几种有代表性的智能手机电子钱包产品。

中国移动和包。2013年12月，中国移动依托NFC技术推出的手机小额电子钱包业务取名为和包。使用者能够在中国移动的平台上，购买和包业务，立刻拥有线上支付的体验，对于手机支持NFC的使用者而言，还能够获得刷卡的功能，实现线下购物线上支付的体验。

和包在线支付使用方法：预缴资金，通过IC卡实现便捷支付等。购买了此类业务的消费者，能够在网络上，实现费用缴存。

和包也被称为NFC，其是基于近场通信技术，当使用者的移动设备支持NFC时，可以匹配相同的SIM卡，在下载NFC软件后，能够凭借自己的喜好，来选取电子卡片应用，进行支付。利用和包，使用者能够乘搭公共交通，操作一系列的便捷支付，满足用户的支付体验，把移动设备塑造为便捷的付款工具。

5.4.8 手机支付宝

支付宝（中国）网络技术有限公司成立于2004年，是国内的第三方支付平台，致力于为企业和个人提供"简单、安全、快速、便捷"的支付解决方案。手机支付宝被广泛应用于苹果和安卓系统的移动终端里，新版的手机支付宝支持的生物识别技术包括刷脸、指纹和声音锁等。支付宝界面如图5-3所示。

图5-3 支付宝界面

支付宝与国内外180多家银行以及VISA、Master Card国际组织等机构建立战略合作关系，成为金融机构在电子支付领域最为信任的合作伙伴。支付宝主要提供支付及理财服务。包括网购担保交易、网络支付、转账、信用卡还款、手机充值、水电煤缴费、个人理财等多个领域。在进入移动支付领域后，为零售百货、电影院线、连锁商超和出租车等多个行业提供服务，还推出了余额宝等理财服务。

5.4.9 微信支付

微信支付是由腾讯企业，将微信和财务通进行整合，从而开发出的移动支付功能。财付通提供微信支付的保障，微信支付和安全系统是由财付通提供全面的技术支撑。

微信在电脑上也能够登录，使用者在移动设备中下载微信程序，关注微信钱包，选中银行卡实施绑定，再进行身份信息的登记，随之就获得了一个移动钱包，可以任意购买平台合作商户提供的服务，在付款页面时，需要填写密码，即可实现脱离刷卡的支付，其流程较为便捷。

其支付涉及的领域广泛，也促进了销售方式的变革，满足买卖双方的支付需求。

微信支付为各类企业以及小微商户提供专业的收款服务，运营服务，资金结算解决方案，以及安全保障。用户可以使用微信支付来购物、吃饭、旅游、就医、交水电费等。企业、商品、门店、用户已经通过微信连在了一起，智慧生活变成了现实。

考证知识点指引

鉴定范围	知识点	中级电子商务师	高级电子商务师
电子支付相关知识	电子合同的基本概念		√
	电子合同的与传统合同的区别		√
	国内货物销售合同的主要内容		√
	国内货物销售合同的基本条款		√

（续表）

鉴定范围	知识点	中级电子商务师	高级电子商务师
	签订合同的注意问题		√
	电子支付的概念	√	√
	电子支付的特点	√	√
	电子支付的方式	√	√
	电子支付存在的问题	√	√
	网上银行的概念	√	√
	网上银行的特点	√	√
电子支付相关知识	网上银行提供的服务	√	√
	支付网关的概念	√	√
	第三方支付的概念	√	√
	第三方支付的流程	√	√
	第三方支付的特点	√	√
	国内移动支付的发展	√	√
	移动支付的分类	√	√
	移动支付的流程	√	√
	移动支付存在的问题	√	√

本章实训

1. 以小组为实训单位，进行至少两个银行的网上银行体验，分析比较两者的不同，并以PPT的形式进行知识分享。

2. 以小组为实训单位，如果小组成员有网购或网络支付的经历（包括网购、网络支付话费、线上外卖、直播购物等生活体验），请分享网络支付的经验和小组认为可能存在的问题。

第六章

认识电子商务物流

💻 知识目标

了解电子商务物流的含义

了解电子商务与物流的合作关系

了解电子商务物流的优势及自动化技术

💻 能力目标

掌握电子商务物流的运作过程

掌握电子商务物流的模式及特点

💻 章节引导

随着电子商务的快速发展，如何提高电子商务物流的运行效率和用户体验感已经成为全行业不可忽略的问题。电子商务物流主要任务是保证电子商务企业交易时能够准时、准点地将商品交给线上消费的用户，不再被地区范围所限制，能够满足不同消费者的需求。

新型的电子商务物流比传统的物流和配送方式更为信息化、智能化、合理化和简单化，能有效减少生产企业的库存压力，使企业资金周转更为快捷，物流效率更为高效，物流成本更为低廉；更有利于提高整个行业的经济效益，促进市场经济的健康发展。

引导案例

德邦快递——三级指挥调度系统

随着互联网与电子购物的愈演愈烈，快递行业迅猛发展，德邦的主营业务量增长，高效处理大数据、高效加强内部业务部门联系成为德邦面临的首要问题。2012年，德邦开始全面系统地实施线上化、数字化。2016年开始，德邦对大数据进行融合，展开综合分析与管理。2018年，德邦已经实现通过数字化管控，将主营业务的各个环节模拟至数字孪生中心，达到"两个实现"：通过大数据分析，预测识别业务风险，实现总部-区域-业务现场三级扁平化管理；通过数字化过程解决人管人效率低下的问题，实现结果数据管理向过程实时数据管理覆盖。

案例思考

伴随科技的进步，人工智能技术的不断发展，请同学们对物流信息化技术的发展趋势做出预测和分享。

知识导读

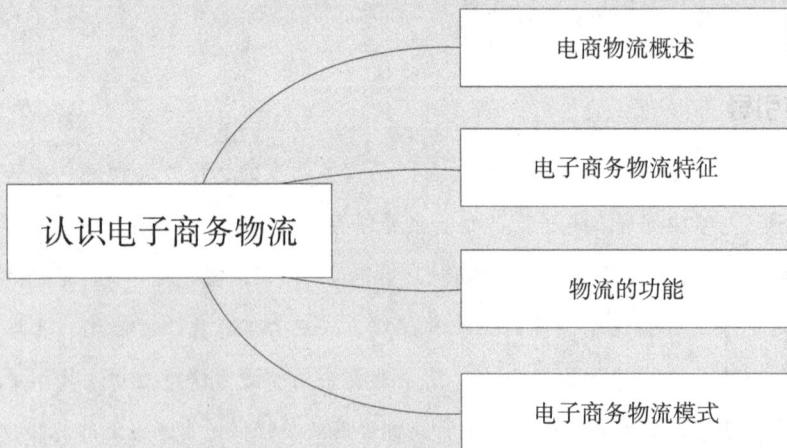

第一节　电商物流概述

6.1.1 电商物流

1. 物流的定义

物流是指货物从供应地向接收地实体流动的过程。物流活动是指运输、储存、装卸搬运、包装、流通加工以及物流过程中的信息处理。电子商务物流是指通过信息网络平台，以信息技术为手段，优化处理各种物流资源，最大限度地减少物流成本，提升物流运输效率，完善客户物流服务的物流方式。

2. 电商物流内容

电商环境下的现代物流，是指在信息流、商流、资金流的层面上，以电子化、网络化为基础，物资或服务的配送过程，包含非实体产品如服务的网络传递和实体商品的线下传递。电商业务的开展要求物流服务的速度更快，准确度更高，从而有效地降低库存，并使生产周期缩短。从实现商品销售的本质上来说，电子商务与非电子商务并无区别，即物流是完成销售过程的最后一步，但这一部分的特殊服务因为采用了不同的形式而显得尤为重要。电商的物流内容体现了这个特点。电子商务的物流内容大致分为传统物流（包括贮存功能、装卸搬运功能、包装功能、流通加工功能、物流信息处理功能等）和增值物流（包括增加便利性的服务、优化反应速度的服务、减少成本的服务、延伸服务等）。

3. 电子商务物流系统

电子商务物流系统是指以达成产品（或物资）的空间效益和时间效益为目标，由若干互相制约的因素（如所需位移的商品或物资、包装设备、装卸搬运机械、运输设施、仓储设备、人员和通信联系设备等）所形成具有促进各种物流环节的规范连接，实现经济效益最优化的有机整体。

6.1.2 电子商务与物流的关系

迅猛发展中的电子商务导致了交易方式、流通方式的变革。电子商务业务的开展，需要高效物流服务体系的支撑。电子商务的优势，假若没有一个合法合规、高效、流畅的物流体系，就很难发挥出来，同时也很难有效地开展电子商务。

1. 电子商务对电商物流的要求是具备信息化、自动化、智能化的能力。

电子商务的开展对要求电商物流实现信息化，是因为电子商务的优势之一是可以保障企业与消费者之间的即时互动，企业可以就产品的设计、质量、包装、交付条件、售后服务等与客户进行快速沟通。这就要求物流系统的各个作用环节提供即时的信息采集和传递，从而实现物流在信息化基础上的自动化，使物流的效率得到提升。电子商务要求电商物流智能化，以优化物流的现代化程度，智能化成为物流发展的新趋势。

2. 电子商务要求物流提高运作效率

电子商务物流运作流程更加的合理化，让企业能够高效率、低成本地实现产品交付。在电子商务业务开展的各项成本构成中，由于市场竞争的激烈，物流成本已经成为一个具有战略意义的构成部分。如何通过对物流效率的提升，继而达到有效控制企业的物流成本，是打造电商企业市场竞争力的重要途径。

3. 电子商务改变物流企业的竞争状态

传统经济发展中，物流企业之间的竞争往往是从各自企业在提供高质量的服务和减少物流成本等方面展开的。在电子商务时代，因为电子商务的需求就是通过全球的物流体系来保障实体货物的流动，单个企业很难满足企业的全部要求，这就要求物流企业在物流高效化、合理化、系统化的前提下，在行业中形成协同竞争。

4. 电子商务促进物流基础设施的改善、物流技术与物流管理水平的提高

电子商务的高效率和全球性环境使物流的基础设施需要进行相应的改善，也要

求物流为提升物流运输效率而提高技术水平。另外，物流管理水平的高低，会直接影响到物流的运输效率，同时也影响着电子商务的优势的发挥。唯有提升物流的管理水平，建设科学合理的管理体系，使用科学的管理手段和方式，才能使物流合理化、高效化，推进电商物流的发展。

5. 电子商务对物流人才提出了更高的要求

电子商务对物流管理人员的管理水平有着较高的要求，物流管理人员需掌握较多的电子商务知识，并将两者有机地结合在实际操作过程中。

6.1.3 现代电子商务环境下物流业的发展趋势

电子商务物流发展呈现出社会化、信息化、体系化的发展趋势，其中信息化是核心。

电子商务物流运用现代信息技术，使交通运输环节不再独立于生产流程之外，从而完成物流信息化，也就是利用信息技术整合传统物流业务，以实现优化物流成本、提升企业竞争力的目的。

1. 物流中心、批发中心、配送中心社会化趋势

在市场激烈竞争压力下，企业高度注重物流作用调整和物流工作流程分离外包，从单一的仓储运输业务外包向供应链整合为一体的延长；同时，企业物流的专业化发展也愈发清晰，差不多所有大型知名的连锁企业都在致力优化自身的专业供应渠道，慢慢的第三方物流（The Thild Party Logisitics，简称3PL）在物流服务中成为主导。从欧美市场来看，制造加工企业再也没有自己的仓库，转而选择第三方物流专门服务，这已然成为一种新风向。

2. 电商物流信息化趋势

信息技术和网络技术日渐广泛应用于物流范畴中，物流和电子商务的结合程度越来越高。EDI广泛运用于物流系统作业，简化了物流中低效率的订单解决过程，这

样使每个环节在物流过程中可以精确连接，物流效率大大提高。因此随着互联网的迅猛发展，物流行业信息化要求日益提高。

3．电商物流系统化的趋势

物流系统是将物流的运输、贮存、装卸、包装、配送、流通、物流信息等构建成体系，进行系统化作业。各个物流子系统的一致目标是实现物流的高效化，这促使物流流程中的每个环节都紧紧地联合在一起，即以最低的物流总体系统成本来达成物流服务。

4．仓储、运输的现代化与综合化趋势

电商物流条件下，商品储存机械化程度更高，自动化程度更高，标准化程度更高。商品运输从简单的传统运输形式转换为多种类运输形式的最优组合，这可以有效提升物流运输效率，压缩了中间贮存、中转的时间，使商品的流动速度加快，运输成本大幅降低，商品使用价值的实现速度加快。

选择互联网为平台提供信息流服务，大大加快了物流消息的传送速度，以科学化、最优化的方式，给用户争取缩短了货物运输环节中的宝贵时间。

5．物流、商流、信息流一体化的趋势

电商物流立足于快速、高效的商流和先进的信息流，可以有效降低运营资金的占用压力，使资金周转更快，能够充分发挥资金的增值效应。物流、商流与信息流的统一，大大提升了企业服务市场的能力。

6.1.4 电子商务物流与传统物流的差别

电商物流与传统物流差异明显，具体表现在以下5个方面。

（1）物流运作在企业中开展供应链管理。实行供应链管理，能够使供应链中各成员企业之间的商业关系更为融洽，使物流效率得到提升，物流成本减少。

（2）达成生产制作零库存。零库存通常是指在规定的周期内，只按规定的数量

进行生产制作，以规定的数量生产规定数量的原材料、零部件，这是在电子商务环境下提出的新要求。

（3）后勤信息化。后勤信息化包括实现物流行业货物信息的商业化、物流消息搜集的数据化与代码化、处理物流信息的电子化与计算机化、物流信息传送流程的规范化、实时化、物流信息贮存的数字化等。

（4）物流配送的全局性问题。电子商务在为大多企业进行市场开拓时，也对相关企业的物流运输提出了实现全球化配送的服务要求。

（5）后勤服务的多样化和社会化。电商物流对物流企业提出了明确要求，需要物流企业提供相关的全方位服务，包含仓储、运输服务等，同时也包括货物的配送以及用户需求的多种配套服务，使物流成为连接产企业与消费者的重要节点。与此同时，在电子商务环境下提供的物流服务也将更多地依赖专门从事物流行业的企业，而物流服务的社会化趋向将愈加清晰。

6.1.5　电子商务物流的重要性

物流最终是为了将信息流、商流、资金流等环节结合为一体。物流是整个电子商务过程中至关重要的一环，没有货物的转移，是无法完成信息流、商流、资金流活动的。

体现电商优势的关键就是电子商务物流。从广义上理解的物流包含原材料物流、生产制造物流、销售物流这三大板块，如果想使其发挥出电商真正的价值，就务必保证物流环节在整个生产运作过程中的高效和低成本。

客户对电子商务的满意度是物流服务成败的重要考核因素之一。当利用网络达成信息流、商流、资金流之后，物流服务程度的好坏就成为用户挑选商家的重要原因之一，例如在线上平台购买书籍，在价钱一样的情形下，配送时间和服务是读者是否选择网上书店的考量因素。因此，如果没有能让客户真正感到满意的物流服务，那么电商是无法给客户带来应有价值的。

从根本上解决电商物流难题，可以有效提高我国企业在国际上的竞争力。我国电子商务迫切需要适应经济全球化的发展。

第二节　电子商务物流的特征

6.2.1　电商物流特征

1．电子商务物流特征——自动化

自动化的基础是信息化，而自动化的中心要素就是机电一体化，自动化的外在表现是无人智能化，自动化的成效是省力化，而且还能够提高物流作业的能力，由此提高劳动生产力，尽可能避免物流作业的失误等。

物流自动化的设备很多，如条形码、语音、射频识别系统，自动化的分拣系统、存取系统、导向车、货物跟踪系统等。

目前这些自动化设备在发达国家的物流作业流程中已经普及运用，而在中国，自动化技术还需要一段很长的时间才能普及，因为中国物流行业的起步比较晚，发展较为缓慢。

2．电子商务物流特征——信息化

在电子商务时代，物流信息化是对电商的必然要求。因此，条码技术、数据库技术、电子订货系统、电子数据交换，EDI、快速响应技术和有效客户响应（Efficient Customer Response，ECR）、企业资源计划（Enterprise Resource Planning，ERP）等技术和理念将在中国物流中得到广泛应用。

信息化是物流行业的根基，假若没有物流信息化，那便无法在物流领域使用任何先进的技术设备，而应用信息技术和计算机技术将使全球物流面貌彻底发生变化。

3．电子商务物流特征——网络化

物流行业中网络化是信息化的必然结果，以下讲解关于网络化的两个概念。

（1）网络化是指物流配送系统的计算机通信网络，其中包含物流配送中心与供应商或制造商的联络要使用的计算机网络，而且与下游用户的联络也需要使用计算机网络，例如物流配送中心需要向供应商提交下单的流程，那么就能够利用计算机通信形式，借助增值网（Value Added Network，简称VAN）上的EOS和EDI来自动实现，物流配送中心利用计算机网络搜集下游用户下单的流程也可以自动完成，物流配送中心可以通过计算机网络与下游客户进行定货。

（2）所谓的组织的网络化，就是企业内部网。比如，台湾的笔记本行业在20世纪90年代便开拓了"全球运筹式产销模式"，这个模式的基本要素便是根据客户的订单去组织生产，而生产选用分散方式，也就是将全球各地的笔记本资源都利用起来，以外包的形式，将一部笔记本所有的零部件、芯片等外包给全球各地的生产商去制造，再把这些零部件、芯片通过全球的物流网络配送到同一个物流配送中心进行组建，由物流配送中心高效率地把组装好的笔记本发给客户。

电子商务物流主要特色之一就是实现了物流网络化进程。这个进程要有一个高效的物流内部网络作为支撑，当然这个物流网络是以信息和网络为基础的。全球互联网资源可用性与技术的普遍化，为物流网络化提供了较好的社会环境。

4. 电子商务物流特征——智能化

这是物流自动化和信息化的高一层应用，有相关的知识才能处理物流作业过程中产生的大量运筹与决策，例如库存量的控制、运输搬运途径的选择、自动导向车的运行轨迹设定、自动分拣机控制等。

物流智能化是物流自动化进程中无法避免的技术难题之一。值得庆幸的是，在国际上，专家系统、机器人等相关技术已取得一个较为成熟的成果。

当前为了提升物流现代化，物流智能化已然成为电商行业下的物流发展新趋向。

5. 电子商务物流特征——柔性化

柔性化原本是在生产领域为了实现"以顾客为核心"的理念而提出的，但是要想真正做到柔性化，即制造流程能够真正灵活地按照消费者的个性需求变化进行及时调整，没有与之配套的柔性化物流系统是无法达成的。

在20世纪90年代，国际生产领域陆续推出了柔性制造系统、计算机集成制造系统、制造资源计划、ERP以及供应链管理的理念与技术，这些理念和技术的根本目的是将生产和流通整合起来，按照需求去组织生产，进行物流活动。

所以，柔性物流这一新形式物流是顺应生产、流通、消费的需要而发展起来的。物流配送中心需要灵活组织和实施物流作业，尤其是依据消费个性需求"多品种、小批量、多批次、短周期"的特征。

6. 其他特征——优质化、精益化、绿色化

（1）优质化定制物流：为其专门设计的、满足用户个性需求的物流服务形式将逐步成为当代主流的物流形式。

（2）精益化服务的目标可以概括为企业在为顾客提供满意的服务的同时，把浪费降到最低。

（3）绿色物流，又称环保物流，即控制物流在物流进程中对环境的危害，同时达到净化物流环境的目的，使物流资源发挥最大效用。

6.2.2 物流配送的作用

1. 有利于合理配置资源

（1）资源（包括物资、资金、技术等）在各地区、各部门、各产业之间的分配要符合生产力合理布局和产业协调发展的要求；

（2）资源在某个行业、某个部门的分配和再分配要能够充分发挥行业或部门的优势；

（3）资源经调配后要发挥其最大作用。实施分销可以实现以分销企业的集中存货替代社会上数以千计的零散存货。合理分配和使用资源，能够按照统一的计划，做到物尽其用。

2. 能够降低物流费用，推动生产快速发展

经销企业对物流配送进行一致的安排。从供求关系上讲，就是将企业内部的供应系统替换成社会供应系统，从而使库存结构和配送结构完成优化，将设备利用率进行有效提升，物流成本和生产成本可以大幅度减少。

3. 能有效促进物流流通的高效运行

配送不但能够将物流流通向专业化、社会化的道路推进，还能够以其特殊的运作形式和优势，对流通结构进行有效调整，使物流运作向"规模经济"运作演化。从形态上看，以集中的完善的配送体系替代分散性、单一性的物流行为；从资源的配置上，社会上的零散库存被专业组织的库存集中库存所取代。

4. 促使了整个物流系统的完善

采用分拨的方式，可以统一支线运输和小搬运，从而优化和完善整个物流流程。

5. 有利于新技术的开发和运营

当前，国际上的配送组织在更新、改善设施的基础上，先后运用上了集装箱、托盘传送技术、条码标识技术、计算机控制自动拣选技术等一系列先进的操作技术和管理技术。

6. 交通问题能够得到妥善处理

通过配送能够减少社会的交通问题，如迂回运输、交叉运输、重复运输等，可以有效缓解城市道路交通矛盾，解决交通拥挤问题，起到降低污染、保护环境的作用，同时也可以降低运输成本。

第三节　物流的功能

电子商务物流是电商业务的顺利开展不可或缺的环节，其发挥的功能可以分为以下两大块：主体功能和辅助功能。如图6-1所示。

6.3.1　主体功能

1．运输

物流的运输工作职能是协助顾客挑选符合其需求的运输形式，再通过网络内部具体组织运输作业，将顾客的货物在规定时间内送达目的地。

供应与销售物流中使用的交通工具包括车、船、飞机等，在生产制造物流中使用管道、传输带等方式运输。对流程的管理要求是挑选经济、快捷的配送形式与途径路程，但是不管是哪一种配送都是为了达到安全、快捷、准时、节约的要求。

2．储存

这里所说的储存，通常指生产储存、流通储存这两个环节。储存功能包括贮存、维护、保养等各种活动。

物流系统需要配置仓储设备，但是为满足顾客的需求并不需要将产品储存在物流配送中心，而是利用仓储环节的优化尽可能减少库存占压资金，保障市场配送活动的开展，由此降低仓储成本。

所以，物流中心需要搭配高效的分拣、传递、存储设备工具。

3．配送

配送服务是物流的最后一步，完成社会物流的最终阶段是配货和送货，由此实现资源分配的活动。

配送是物流行业的一种新形式，配送环节在电商物流中的功能十分明显，配送环节集运营、管理、库存、分拣、搬运装车于一体，它的核心就是配送时效性与物流服务优质性。

6.3.2 电子商务物流的辅助功能

电子商务物流除了储、运输、配送等主体功能外，还有很多辅佐性功能。然而，这些辅佐性的功能对整个后勤体系是必不可少的。这些辅佐功能在每一个细微的后勤活动中发挥着作用。综合来看，辅佐功能主要有四个：包装、装卸搬运、流通加工、信息管理。

1. 包装

包装是物流运转中非常重要的一个节点，因为包装不仅是为了产品销售，更重要的是，在物流流程中的每个环节——运输、贮存、装卸、搬运中，包装都是不可缺的。包装是包含产品及半成品在生产过程中的包装，商品的生产出厂包装，物流过程中的替换包装、分装、再包装等流程。

物流包装的作用不在于更改产品的销售外包装，而在于通过组合、搭配、加固销售包装构成一个组合包装单元，使之与物流、配送相适应。包装流程的管理需要依照物流形式、产品销售需求等因素确定。要综合思考包装对产品的维护作用、促销作用，提升装运率，包装、拆装的便捷性和废旧包装的回收处理等要素也需综合考虑。

包装管理也要详细挑选包装用料及其强度、尺寸和包装形式，根据物流全流程的经济效益来决定。

2. 装卸搬运

装卸搬运在后勤业务中是一项经常性的工作内容。装卸搬运是在物流过程中将产品流通速度进行提升时必须具备的环节，是对运输、贮存、包装、流通加工等物流活动的衔接，包含检修、维护等活动中所发生的装卸活动。

专业物流中心一般都会配有专业的装卸搬运机械工具，以提升搬运作业的效率，降低作业对货物的损坏。

3．流通加工

流通加工功能也叫在流通过程中的辅助加工活动。

流通加工是指为了销售和方便顾客，产品已经离开生产领域，进入流通范围，但尚未进入消费环节的加工。不管是生产资料还是生活资料，都会有一些物资和产品，要经过商业或物资部门的加工后，才方便销售与运输。

这样的加工流程不只是在社会流通过程中存在，在企业内部也是如此，是流通领域生产过程的延续，是物流功能的重要发展。

4．信息管理

物流信息管理工作内容包含进行与上面描述的所有活动相关计划和预测，以及搜集、加工、整合和提炼物流动态信息运量、收集、发送和存储数量及其相关的费用，生产和市场信息等活动。

对后勤信息活动的整合，要求建设起信息系统与渠道，对信息点、内容的选用要正确，对信息的搜集、汇总、统计、运用形式要精确，这样才能保障信息的准确性与及时性。

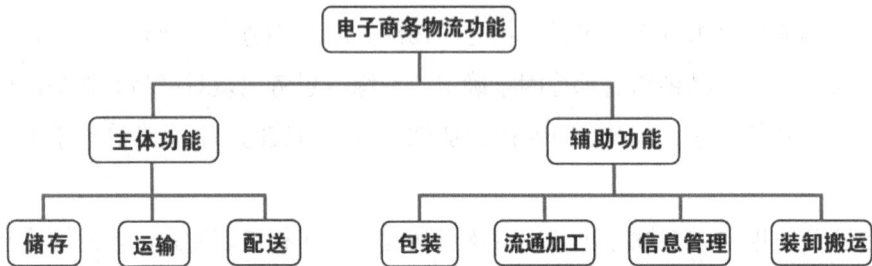

图6-1　电子商务物流功能

第四节　电子商务物流模式

电子商务物流配送是指物流企业运用先进的计算机技术和管理手段，依照客户的订单需求，依照商定的时间、地点，对确定数量、规格要求的商品进行一系列的分类、编码、整合，传递到用户手中的活动和过程。

这种物流配送的新形式为流通领域带来了翻天覆地的改变，更多的企业开始登上了电商的快车，选用电商物流配送的模式。其中常见的有以下几种模式。

1. 自营模式——完全自营模式

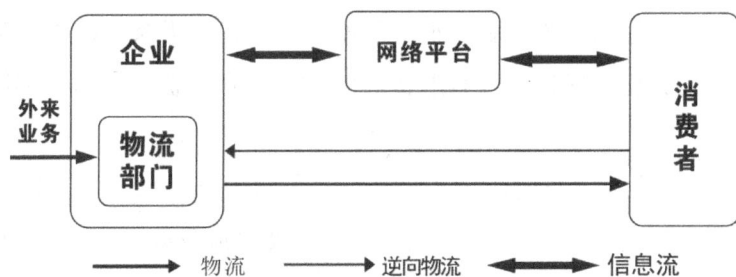

图6-2　自营模式物流

自营物流是指为了更好地实现企业发展目标，电子商务企业选择投资基础设备，如建设物流的运输工具、仓储仓库等，是一种集计划、组织、协调、控制、管理整个企业内部的物流运作模式。企业通过自营物流模式如图6-2所示，企业自身的物流部门直接处理，通过网络平台或者外来业务所产生的物流需求。企业自身做物流经营，首先是考虑物流成本。

企业自身建设物流配送体系，就掌握了订单交易的最后一个环节，这样对企业掌握客户和交易时间都有益处。自营物流企业对物流资产的直接使用、对物流职能的掌控、对供货的精确准时的保证、对客户的服务品质的保障，维护了企业与客户的长期合作关系。

尤其是在本地配送上，电商企业自身的运输队伍可以有效压缩配送程序下达指令给其他配送公司所需的时间，在线上接到订单后可以马上进行配送，减少了中间手续环节，在配送上可以将时间压缩至最短，满足消费者"即买即有"的愿望。

企业自营物流具有以下的优势：

（1）增强企业对各个经营环节的控制能力

企业自营物流可以把握最详细的资料信息，可以合理控制交易时间，对企业外部同行市场的状况和特色也能够有较为全面的了解。物流过程中发生的问题可以用较快的速度进行处理，能取得最新的供应商和消费者的资料，能够随时调整自身的运营策略，从而保障企业高效优质的经营。

（2）规范物流操作

作为电商的最后一环，物流的服务水平对于消费者的消费体验感有着直接的影响。

现代物流形式的物流服务能够帮助消费者减低购物过程中商品是否能够完好、准时抵达的担忧，同时也可能会提升消费者的购物满意度，从而引起销售业绩的提升。

因为我国第三方物流企业服务水平参差不齐，货物丢落、调包、破损等情形时有发生，且相关配送保险额度有限，对电商企业和消费者的利益都没有很好的保障。

因而，电商企业可以利用自营物流企业对企业内部的物流运行规范操作，对物流运行活动进行有效监控，改善物流运行水准，使物流业务运行环节产生的不必要的损失降到最低，从而提高消费者购物满意度。

（3）反应快速、灵活

自营物流是企业整体物流系统中不可或缺的重要部分，跟企业的运营部门关系密不可分。自营物流以协助本企业的生产运营为首要目的，可以及时配合企业在物流业务上的时间、空间需求，尤其是对于物流配送业务重的企业，可以利用自身的执行力更快更好转述上层要求，自营物流也能够在第一时间内做出准确及时的反馈，能够更高效灵活地满足企业的要求。

（4）信息反馈及时、有效

物流系统属于企业日常运行系统的一部分，自营物流能够把系统有效地与其余系统进行无缝衔接，及时有效地把握产品的各项信息状态以及业务的运行状态，从而能够促使企业内部得到良性运作。

（5）可以增强企业的保密性

选用第三方物流服务企业，有可能导致电商企业的机密泄露。而自营物流能够很好地保障企业信息安全。

例如：自营模式——"1+3"模式

"1+3"模式是指为企业内容提供"第一方"物流服务和为客户提供"第三方"物流服务相结合的模式。企业自己投资建设物流系统，并专门设立后勤部门，对后勤业务进行管理。设立的后勤部门归企业管辖，相当于该企业的业务部门或子公司。但这个物流部门或物流公司采用全程单独自营的模式，在负责自身企业的物流管理业务的同时，其他企业的物流外包业务也能够承接。

企业自营物流具有以下的劣势：

（1）使企业投资成本负担更重，抵挡市场风险的能力被减弱。为了运行自营物流，企业必须在仓储设施、运输设施和相关人力资本等层面上投入大规模资金，这必然导致企业在其他运营环节中的资金投入减少，导致市场竞争能力被减弱。

（2）企业在物流配送阶段的效率不高，时效性难以保障。这对大部分企业来说，后勤只是企业众多部门中的一个，且专业的物流板块并不是企业的强项。因此，在这种背景下，企业自营物流等同于强迫企业从事跨行业运营，导致企业需要消耗过多的时间、人力、资源去进行辅佐性的帮助，最终辅佐性的工作没做好，关键的业务也起不到核心作用。

（3）专业化的物流配送程度较低，投入成本相对较高，因此规模有一定局限性。

（4）无法掌握精确的物流效果反馈。因为大多数自营物流的企业是安排企业每个部门单独完成各自的物流，没有进行单独考核，以至于企业无法对产品进行精准的物流成本核算，也无法进行精确的效益考核。

2．第三方物流模式

第三方物流，或称合同物流、外协物流，是指在物流劳务的供需方之外，由第三方来实现物流服务的物流运营形式，3PL正是凭借其物流特长，为其服务的客户提供了一个机会，使其能够充分利用外部资源来处理非核心业务。假若物流不是企业的主场，那么物流问题最好由3PL来彻底解决。

从现阶段第三方物流快速发展的状况来看，其显明的特点在以下五个方面得到了突出的体现。

（1）关系契约化

第三方物流是利用合同的方式，对物流运营者和物流消费者的关系进行约束。

（2）服务个性化

第三方物流在企业形象、业务流程、商品特点、客户需求特点、竞争需求等部分，需要针对不同物流消费者的不同要求，定制个性化服务。

其次，从事第三方物流的物流经营者，也因为物流资源和物流能力受到市场竞争的影响，需要形成核心业务，持续加强所提供的物流服务的个性化、特征化。

（3）功能专业化

第三方物流提供的是专业后勤保障。从物流设计、物流操作流程、物流技术工具、物流设备、物流管理等几个方面要求表现出专业化的水准，这不仅仅是满足消费者的个性需求，同时也是第三方物流企业想实现长期化发展所要具备的基本要素。

（4）管理系统化

第三方物流要实现运作和发展的基础要求就一定需要建设现代化管理系统。

（5）信息网络化

第三方物流开展的支柱是信息化。在后勤协作进程中，达成了信息技术发展的实时共享，推动了后勤管理的科学化，后勤效率和后勤效益都得到了大大的提升。

另一方面，跟传统的物流供应商不同的是，对于采用第三方物流服务的企业开展电子商务业务的优势突出表现在以下几个方面：

（1）使客户企业集中于提高核心能力

第三方物流模式使电商运营者能够全神贯注于建设和完善电商平台，拓宽专业的业务服务范围。对于专业物流企业而言，不仅能够扩大服务范围，还能够借力提升自身的信息化水平。

双方均在各自熟悉的业务领域内开展工作，具有较高的成本下降确定性和盈利改善确定性。而第三方物流，正是凭借其物流特长，为客户企业提供了一种机会，使其能够完美运用外部资源物流管理这一非重点的业务，集中精力在其最熟悉擅长业务范围中进行运营。

也就是说，相比物流并不是主要经营业务的企业来说，最好通过专门的外包第三方物流来处理物流难题。

（2）为客户企业提供技术支持或解决方案

由于技术提升和个性化需求，供应商或零售商对物流配送和信息技术等层面的标准会更高。假若要设计一个优化的流程和途径路程来将产品发配给客户，需要应用专门的软件，或者可以利用一个公共的电子信息交流平台来达成信息共享。一般物流企业要达到这些要求是比较困难的，而第三方物流供应商拥有丰富的专业知识，深谙物流中存在的种种不足，将物流看作自身的核心业务，在物流领域投入100%的力量进行技术革新，以更快捷、更有效的形式满足客户的需求。

（3）为客户提供灵活性增值服务

第三方物流在地区或个性化服务等层面提供各种物流增值服务以满足客户的灵活性要求。

（4）节省物流费用，减少库存

第三方物流企业有规模大、专业度极高，投入成本低的特点，由此可以通过提高每个环节的利用率来节约开销，从而节约客户企业的物流成本。第三方物流服务商也借助精心筹划的物流计划和适时配送等方法，最大限度盘活库存，提升企业现金流。

（5）提升客户企业形象

第三方物流企业的盈利不仅来源于直接获取的运费、仓储费等收益，而且来源于物流行业与对象企业共同创造的新价值。因而，第三方物流和对象企业之间并非竞争对手关系，而是战略协作搭档关系。为达成"双方共赢"的效果，第三方物流企业会多维度替服务对象企业考虑，比如利用遍及全球的互联网信息，让服务对象企业的供应链管理更为透明化，使对象企业能够及时了解供应链的状况；为了有利于企业对象提升服务，建立企业自身的品牌形象，第三方物流企业大大压缩交货周期，利用"量体裁衣"式的专门定制，为对象企业在同行竞争中创造有利条件，制订以客户为导向、低成本、高效率的物流计划等。

正因为第三方物流具有以上众多优势，第三方物流企业在国际上发展迅速，市场潜力巨大，突出的优势和特色使其成为与电子商务相适应的物流典范。

3. 第四方物流模式

物流业的展开需要技术专家、管理咨询专家的推进，而第三方物流缺乏高科技和高素质的人才队伍。对此，有人提出，客户与第三方物流的关系需要密切维护，管理务必规范。第四方物流（Fourth Party Logistics，简称4PL）紧跟时代的脚步顺势而生。

第四方物流是由美国埃森哲咨询公司于1998年率先提出，专门为第一方、第二方和第三方提供物流规划、咨询、物流信息系统、供应链管理等服务，第四方物流实际上并不承担后勤作业的详细运作。

第四方物流是供应链的整合者，是供需双方和第三方物流的领导力量。

第四方物流不是通过提供物流服务直接获取利益，而是利用它所拥有的信息技术、整合能力等资源提供一套完整的供应链解决方案，以此获得一定的利润。它协助企业减少成本投入和进行资源有效整合，并依靠第三方物流供应商、技术供应商、管理咨询等增值服务的供应者，为顾客提供独一无二的、广泛的供应链处理方式。

在中国，第四方物流行业相比国外来说起步是比较晚的，从2009年进入起步阶段，到2023年已经形成了一系列具有市场竞争力的第四方物流企业。我国陆续出台了十大产业振兴规划，而物流产业作为振兴规划的重点产业将会得到充分的重视和发展。目前，国内第四方物流企业也叫物流咨询企业，其中较为知名的有亿博物流咨询、上海欧麟咨询、杭州通创咨询、青岛海尔咨询、大连智丰咨询等。

第四方物流为客户提供全方位供应链处理方法，利用整合和管理的物流资源、物流设备、物流技术，提供出物流全流程的方案设计、施展方式和解决方法。其有以下几点特点。

（1）第四方物流是供应链的集成者、整合者和管理者

第四方物流能够提供完好的供应链处理方法，是集成管理咨询和第三方物流服务集成商。

（2）第四方物流通过对供应链产生影响来增加价值

第四方物流充分运用第三方物流信息技术供应商、呼叫中心、电信增值服务等服务供应商的技能，在向客户提供时刻优化的技术计划的同时，进一步满足客户的个性化需求。

（3）第四方物流解决方案共有四个层次——执行、实施、变革、再造

第四方物流发展的思路是：全力开展第三方物流，为开辟第四方做铺垫；加速推动电子商务与现代物流行业结合，建设全国性物流公共信息平台；抓好后勤基础设备建设和行业服务，加快后勤标准化建设步伐。

这说明，要想成为一个成功的第四方物流企业就必须具有一定的能力，例如可以制订供应链战略，可以进行业务流程再造的设计，能够进行技术整合，能够进行人力资源管理；比如整合供应链技术和外包能力方面走在行业前线，专业人才比较强；比如可以同一时间管理多个不同的供应商，管理能力、组织能力等较强。

根据现实的经营运作分析，第四方物流具有以下两种运作模式：

（1）协同运作模式

第四方物流企业与第三方物流企业一同开辟物流市场，再利用第四方物流企业为第三方物流企业完善其所遗漏的服务内容，包含信息技术、管理技术、供应链战略方式、策略计划方式、进军市场的能力及项目管理特长等，并在第四方物流的指导下由第三方物流实现详细的物流业务执行。

这个协同运作模式中，通常都是第四方物流企业在第三方物流企业内部展开工作任务，双方或进行商业签约，或进行战略结盟达成合作。

在以上两种方式中，主要以低成本投入和供应链管理为首的第四方物流企业，进入高资产的第三方物流公司，起到技术、供应链筹划和专项任务管理等增补作用，为目标顾客提供全方位的物流服务。

（2）集成商运作模式

第四方物流服务商在计划整合形式下，为顾客提供整个供应链经营管理的处理方式。第三方物流企业利用第四方物流企业的计划为顾客提供相关服务，而第四方物流企业作为枢纽，能够将多家供应服务商的能力与顾客进行结合。第四方物流服务商负责对接客户的物流需求，为客户出具物流解决方案，在拥有足够规模的业务量的基础上，整合多个第三方物流企业参与物流业务的落地执行。

4．共同配送模式（物流联盟模式）

又称共享第三方物流服务，通常是表示为多家商业企业结合起来，形成物流联盟，一起投入成本建立或租用配送中心，制订一致方案，在互惠互利的原则指导下，达成整体物流运输合理化，一起为某一区域的客户进行物流运输服务。物流联盟模式如图6-3所示。

联盟各方通过契约形成物流同伴关系，需要互补，要素双向或多向流动，彼此信任，风险共担，收益共享。这是那些经营规模不大的电商们惯用的模式。

共同配送的运营组织方式是由单独一家物流配送企业，将多个电商企业某一区域内所有用户的配送要求进行综合整理，对配送时间、配送次数、配送路线、配送商品数量等进行统筹计划，进行全方位配送。将用户需要运输的货物，在送货环节上混装在同一辆运输车上，再根据用户的要求，将货物分门别类地配送到相应的接货点，或者配送到用户一同选择的货物接收点。这样的配送有利于运输车辆货物满载率的提高。

利用电脑网络技术一致化的调度管理各地生活的仓库和配送中心，相应的第三方物流企业商流、物流信息达成共享，以及提供一系列决策支持技术，能让物流服务半径更大，服务更优质。

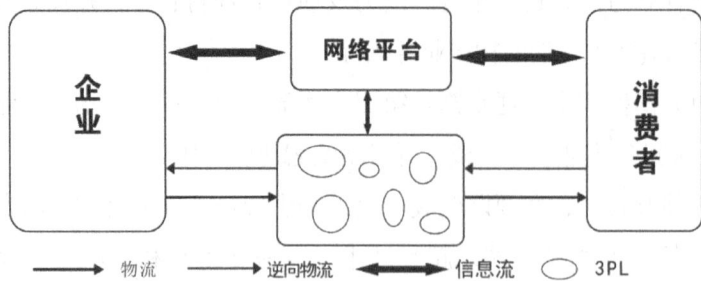

图6-3 物流联盟模式

物流联盟模式具有以下的特点。

（1）相互依赖

组建物流联盟的企业之间的依存度较强，是以信息技术为桥梁进行衔接的。这种依赖性来源于社会分工和企业对核心业务的专注需求。

（2）分工明晰

物流联盟中的企业对自身在整个物流联盟中的优势和所承担的角色有清晰的认知，减少了内部的对立和抵制，明确了分工，从而使供应商能够专注于为客户提供个性化的服务。

（3）核心专业化

核心专业化就是日常经营核心专业化水平很高。大规模的物流服务效益是在规模经济中诞生的，将众多企业的物流服务需求进行集中解决，更有利于提升在物流这个环节上的专业化程度，进而打造竞争优势。

（4）强调合作

既然把核心的专业角色和合理资源企业都融入渠道流程中，那么，电商下的现代物流模式、企业的物流功能管理就理所当然地定位在共同协作上了。单独一个企业的资源与能力是有限的，但是多个企业结合在一起，就能够降低市场风险，形成一股共进退的强大力量，唯有如此才可能在市场的激烈竞争中占有一席之地。

经过不断的发展和市场成型，物流联盟有以下几种运作模式：

（1）水平一体化物流联盟

这种模式通常是指同一行业内多家企业达成物流合作，从而取得规模经济成效和物流效益。比如说，不相同的企业能够选用同一种出货形式，一起运输不同类型的商品。在物流范围相近，而物流量在某一时段较少的情况下，几家企业分别进行各自的物流作业，这显然是一种不经济的做法。于是就有了一家企业，在把自己企业的货物运进来的同时，也把其他企业的货物运进来的做法。

（2）垂直一体化物流联盟

这种形式需要企业将供货商和用户纳入管理范畴，要求企业对物流的管理从原料到用户的各个流程都要做到心中有数；要求企业通过自身的优势条件，与供应商、用户建设和发展协作关系，形成合力，获得竞争优势。

（3）混合一体化物流联盟

该模式是横向整合物流联盟与纵向整合物流联盟的有机结合。

案例拓展

菜鸟营收达525亿人民币，创新纪录

2022年2月24日，阿里巴巴发布了截至2021年12月31日的2022财年第三季度财报（注：阿里巴巴财年与自然年不同步，从每年的4月1日开始，至第二年的3月31日结束）。坚持产业互联网战略，菜鸟本季度总营收同比增长23%，达196亿元，产业化、全球化、数字化物流扎实推进。综合2021年自然年度，菜鸟营收达525亿人民币，创新纪录。2020年自然年度，菜鸟网络实现营收322.5亿人民币，已经实现正现金流。

考证知识点指引

鉴定范围	知识点	中级电子商务师	高级电子商务师
物流基本知识	物流的概念	√	√
	物流的分类	√	√
	物流的基本功能	√	√
	现代物流的发展趋势	√	√
	物流对电子商务的影响	√	√
	电子商务物流模式	√	√

（续表）

鉴定范围	知识点	中级电子商务师	高级电子商务师
物流基本知识	电商物流配送的概念	√	√
	电商物流配送的特点	√	√
	电商物流配送的流程	√	√
电商物流相关知识	网上商店物流的方式	√	√
	商品包装的原则	√	√
	商品包装的方法	√	√
	商品包装的注意事项	√	√
	常见物流的计费方法	√	√
	常见物流的资费标准	√	√
	常见物流的发货标准	√	√
	物流公司的选择要点	√	√
	国内常见的快递公司	√	√
供应链知识	供应链的概念		√
	供应链的特征		√
	供应链的分类		√
	供应链管理的概念		√
供应链知识	供应链管理的作用		√
	供应链管理的流程		√
	电子商务采购模式		√
	电子商务采购特征		√
	库存的概念		√
	库存的分类		√
	库存管理的模式		√
	库存管理的特征		√
	库存决策的内容		√

本章实训

以小组为实训单位，分享自身网络购物所享受的物流服务的体验，并且对国内B2C电商主要的几个物流服务商（圆通、申通、中通、顺丰等）的服务进行分享评价。

第七章

认识电子商务安全与法律法规

📖 知识目标

了解电子商务的安全性要求

了解安全体制基本技术

了解身份认证与信息认证

了解相关的法律法规

📖 能力目标

掌握电子商务相关的法律法规要点

掌握如何有效保障交易过程安全的基本意识

掌握电子商务相关的法律法规体系大纲

📖 章节引导

在进行电子商务交易的过程中，许多个人的身份信息、公司的会计信息、双方的交易信息都需要在交易过程中进行传递，由于这些信息极为重要，所以在传递信息的过程中必须足够安全。因此，如何保障交易过程中传递信息的安全性便成为电子商务发展中一个重中之重的问题。

随着电子商务的不断进步，电子商务法律法规不完善的问题已经严重影响电子商务行业的发展。电子商务不但带来了全新的交易规则和消费方式，同时也对传统法律带来了不小的冲击和挑战。在交易过程中不仅涉及商家与消费者，还涉及有关电信部门、金融管理者等，但凡某一个环节出现问题，都有可能引发纠纷，因此需要更完善的法律法规对电子商务交易进行规范和约束。

罗某某在某网络购物平台开设有网络店铺，从事某品牌电动摩托车锂电池的销售经营活动。罗某某在其网络店铺销售商品时对外宣称：商品"签收15天内支持免费退换货，半年内质量问题换新，两年保修。"齐某某在罗某某网络店铺购了前述品牌的电动摩托车锂电池，使用三个月后发现存在充电不满等质量问题，便要求罗某某按销售承诺为其更换新电池。罗某某经检查确认交付的锂电池确实存在质量问题后，同意为齐某某更换新的电池。更换电池后，齐某某发现电池仍存在同样的质量问题，通过平台与罗某某协商，罗某某明确此前并未给齐某某换新电池，仅更换了电芯，并以销售承诺中的"换新"仅指换"新电芯"为由，拒绝为齐某某更换全新的电池。齐某某因此诉至法院，请求判令解除与罗某某的信息网络购物合同，并由罗某某退还已支付的商品价款。

裁判结果

法院认为，罗某某在销售案涉商品时，通过商品网络详情页对齐某某做出承诺，所售商品"半年内质量问题换新"，按社会普通消费者的通常理解，此处的"换新"应指电池整机换新，而非电池部分零部件换新。罗某某确认交付给齐某某的锂电池存在质量问题，但却未按销售承诺给齐某某换新电池，而是将部分零部件进行了更换。齐某某要求罗某某按承诺，对整个电池换新，但罗某某一直予以拒绝。齐某某只能另行购买新的电池使用。罗某某在销售商品存在质量问题的情况下，拒不按销售承诺履行更换义务，已构成违约。现其违约行为已致合同目的无法实现，齐某某要求解除合同，退还货款，依法应予支持。

典型意义

电子商务经营者在销售商品时对消费者做出有利承诺的，应当遵守其承诺。现实中存在不少电子商务经营者为吸引流量、促进销售，在销售商品或提供服务时以宣传或告示等形式向消费者做出高于国家、行业标准的有利承诺，当消费者接受承诺与经营者形成交易关系后，经营者却以各种理由拒不兑现承诺，达不到消费者的合理预期，也侵害了消费者的合法权益。电子商务经营者兑现对消费者做出的有利承诺，既是对交易双方协议约定重要义务的履行，更是经营者诚信经营的重要体现。电子商务经营者的承诺是向消费者做出的，一般应以社会普通消费者能够理解的方式进行表达，当消费者对其中某些用语的理解，与经营者的理解不同时，应以交易时社会普通消费者的通常理解为标准进行解释，以加强对消费者权益的保障。

知识导读

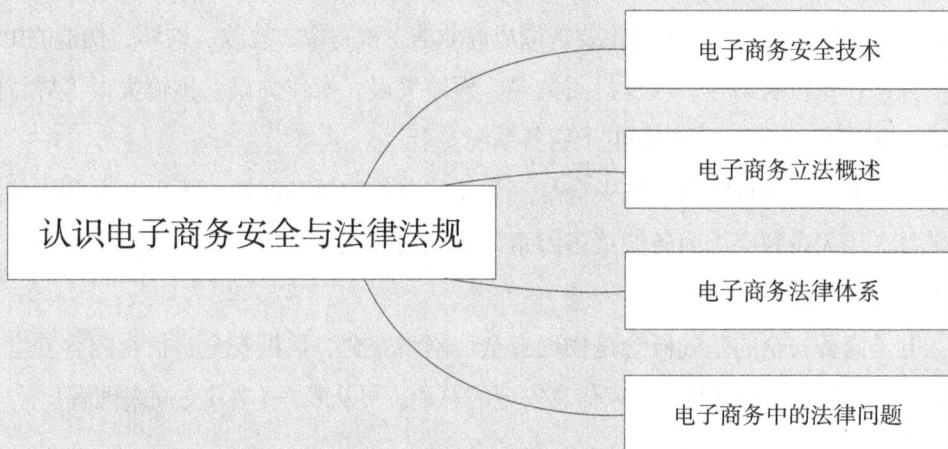

认识电子商务安全与法律法规

- 电子商务安全技术
- 电子商务立法概述
- 电子商务法律体系
- 电子商务中的法律问题

第一节　电子商务安全技术

7.1.1　电子商务安全的概述

电子商务是在开放的互联网进行的，大量的商务信息，如支付信息、订单信息、会谈信息、机密的商务往来文件等都会在电脑系统中进行存储、传输和解码，所以它的安全情况就显得格外重要。造成商业信息被窃取、篡改、破坏、伪造的IP地址欺骗、计算机病毒等，以及机器失误、程序失误、操作失误、传输失误等导致的失误、故障等，都严重影响到电子商务系统安全。

关于电子商务行业的系统安全是一个无法避免的复杂问题，不仅关系到它的支撑平台，还关系到电子商务的诸多因素，如应用环境、交易方式、人员素质、电子商务的安全立法等。

电子商务安全的基础概念是物理安全、网络安全、数据安全、信息内容安全、信息基础设施安全与公共、国家信息安全的总和。可从表7-1中几方面来理解：

表7-1　电子商务安全的系统理念

安全的理念	说明
安全是一个系统的概念	安全是通过各个系统对于风险产生的环节进行有效的监控，对于异常情况及时提示以及处理而得到的，是一个系统的概念
安全是相对的	安全不是绝对的，只是通过各种技术手段获得相对的安全保障
安全是有成本和代价的	安全系统的搭建与施行，都会产生相应的成本，付出相当的代价
安全是发展的、动态的	安全体系是一个不断进步的系统工程。随着科技的进步，安全系统一直在不断地向前发展

1. 电子商务中存在的安全问题

传统的面对面交易，使交易双方在保证交易过程安全的情况下，容易建立信任关系。而电子商务活动是利用线上互联网平台进行的，所以缺少了在传统的买卖中双方面对面带来的信任感与安全感。多数企业的电子商务系统都面临严峻的安全问题。电子商务交易系统要求企业网站与后端数据库系统相连，利用互联网为使用者提供实时在线服务，如了解产品库存、发货情况和付款状况等。这使得电子商务系统面临互联网黑客与病毒的严峻挑战。

在网上交易过程中，买卖双方都可能面临的安全问题主要有以下几个：

（1）信息泄露

电子商务中的商业秘密被泄露，主要包含两个层面：首先是买卖双方买卖的内容被第三方窃取；其次是买卖一方提供给另一方使用的订单信息被第三方违规利用。

（2）信息篡改

这是指商务信息在网络传输的过程中被第三方获悉并进行非法篡改，或者黑客非法入侵电子商务系统非法篡改商务信息，从而使企业的信息缺乏可靠性与完整性。

（3）信息破坏

主要从两个层面来思考。首先是非人为因素，如网络硬件和软件等计算机系统故障，可能会使商务信息丢失或发生错误等，对交易过程和商业信息安全造成破坏；其次则是人为因素，主要指计算机网络遭到一些恶意行为（如计算机病毒、黑客等）的攻击，使电子商务信息遭到破坏。

（4）抵赖行为

传统商务活动是建立在商业信用基础上才得以顺利进行的，而网上交易的双方通过计算机的虚拟网络环境进行谈判、签约、结账，当一方发现交易对自己没有好处的时候，就可能出现抵赖的情况，从而给另一方带来损失。

2. 电子商务的安全要素

参与电子商务的各方通过互联网来传递信息，这对网络传输过程中数据的安全保密提出了很高的要求。尤其对电子支付中涉及的敏感数据，须确保万无一失。

具体来说，一套安全的电子商务系统必须符合以下几个方面的要求：

（1）信息的保密性

这是指为了信息在保存、传输和处理过程中，不会被其他人窃取或破解，而实施加密保护的行为。对于诸如信用卡信息等重要商业机密，在网络传输之前，都要经过加密处理。

（2）信息的完整性

这是指信息接收者可以确定在传输或存储过程中所得到的信息以保障接收到的信息与原先发送的信息保持统一，没有发生信息被更改、被延迟、被替换等情况。

（3）信息的不可否认性

这是指当事人对自身的买卖行为无法抵赖，如信息的发送方对发送过的事实，接收方对接收到的事实无法不承认等。不可否认性包括信息发起不能抵赖、接收不能抵赖、回执不能抵赖等。

（4）身份的真实性

这是指可以对通信当事人的真实身份进行核实。

（5）访问的可控性

拒绝违规用户的接入；合法用户只有利用系统授权、指定资源的形式进行访问。

在电子商务的几种安全性要求中，以保密性、完整性和不可否认性最为关键。电子商务安全性要求的实现涉及多种安全技术措施。

7.1.2 网络安全技术

1. 防火墙技术

（1）防火墙的定义

防火墙是将内部网络与可公开访问网络分开的一种办法，在此之间设置的一道隔膜，实际上是一种隔离的技术，主要目的是为预防不可预测和潜在的网络入侵。

（2）防火墙的工作原理

防火墙是在内部网络与公共互联网之间所搭建的一层安全防护，是在内外有别及需要辨别的区域设置有条件的隔离设施，可运用于维护内网中的信息、资源等不再受来自网络的不法用户损害。防火墙工作原理如图7-1所示。

防火墙按照事先规定好的配置和规则，检测和过滤一切通向外网的信息和从外网发出的信息，只允许通过授权数据，即安全策略允许在防火墙系统中使用的数据。防火墙还应该可以记录相关的链接来源、服务器提供的通信量以及任何尝试闯入者的行为，以方便管理员检测和跟进，而且防火墙自身就能够避免各种攻击。总的来说，防火墙就是信息进入内网都一定会用上的一个限制点，它只允许被授权的信息进入，假如将局域网比喻为要塞的话，防火墙则是对要塞外层的城墙保护。

（3）防火墙形式的选择

防火墙常见的架构主要有四类：包过滤防火墙、双宿网关防火墙、被屏蔽主机防火墙、被屏蔽的子网防火墙。在实际应用中，用户可根据防火墙的标准守则、安全战略以及即将投入多少资金等问题，确定合适的防火墙体系。

（4）防火墙的分类

①过滤型防火墙

过滤型防火墙是在网络层和传输层中，能够依照数据源的地址和协定类目等标记特点进行剖析，以此确认能够顺利通过的防火墙。在满足防火墙的安全标准规则的前提下，才能完全满足信息传播途中所需的安全性能，而其中有些不安全的元素则会被防火墙筛选、过滤。

②应用代理类型防火墙

这个类型的防火墙最明显的特点就是能够将网络通信流完全隔离开来，经过特殊的代理程序达成对应用层的监督和控制。

③复合型防火墙

当下使用较为广泛的防火墙技术，便是复合防火墙，其整合了过滤型防火墙技术和应用代理类型防火墙技术的优势，例如使用的安全策略是包过滤策略，这就能够访问控制报头部分的内容；而安全策略假若是代理策略，那么就能够对报文的内容信息进行访问控制，所以复合型防火墙技术将其各自的优势进行了整合，改进了两种防火墙原先的不足之处，在实际运用中极大程度地提高了防火墙技术的灵活性和安全性。

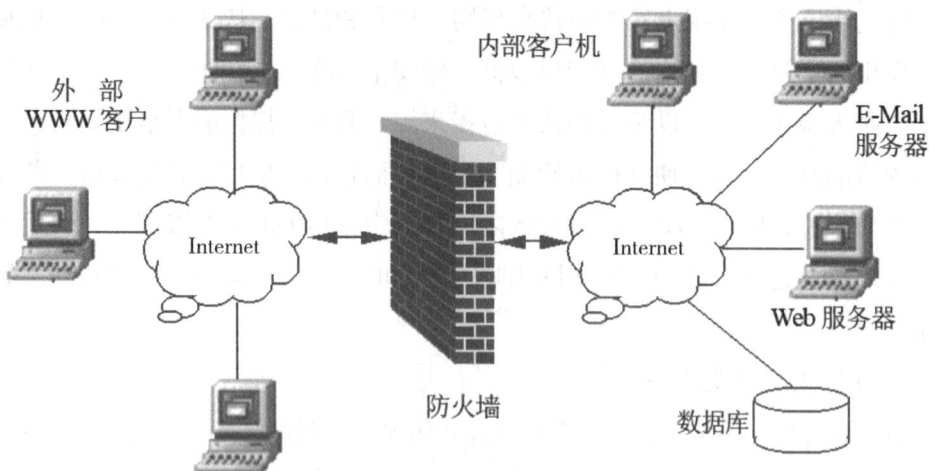

图7-1　防火墙工作原理示意图

2．VPN虚拟专用网技术

（1）VPN的概念

VPN技术，即虚拟专用网络（Virtual Private Network），是一种通过公共网络（如互联网）实现私人网络连接的安全通信方法。通过VPN技术，用户可以在不同地理位置的网络中建立安全的连接，使得数据在传输过程中被加密保护，同时隐藏用户的真实IP地址，提高网络安全性和隐私保护。

VPN技术的工作原理如下：

①建立加密隧道：使用加密协议（如IPSec、SSL/TLS等），在公共网络上建立一个安全的隧道连接。这个隧道将用户的数据包装在加密的封装中，以防止未经授权的访问和窃听。

②数据加密：在建立的隧道中，用户的数据通过加密算法进行加密处理。这样即使数据在传输过程中被截获，未经解密就无法读取其内容，保证数据的机密性。

③IP地址隐藏：在VPN连接中，用户的真实IP地址被隐藏，而被替换为VPN服务器的IP地址。这样可以保护用户的隐私，防止个人信息被追踪或监视。

④认证与授权：VPN服务器会对连接进行身份验证，确保只有授权用户才能访问网络资源。这可以防止未经授权的用户进入虚拟专用网络。

VPN技术通过建立加密隧道、数据加密、隐藏IP地址和认证授权等方式，实现了在公共网络上建立安全、私密的连接。它在保护用户数据安全性和隐私、提供远程访问和跨地理位置连接等方面具有重要作用。

（2）VPN的优势

VPN具备如表7-2中的优势，使得其在电子商务运用的范围十分广泛。

表7-2　VPN优势说明表

优势一	VPN能够实现线下员工、线上员工、商业协作同伴和他人使用本地可用的高速宽带网络连接到企业网络，例如DSL、有线电视或Wi-Fi网络
优势二	设计好的宽带VPN是模块化、可升级的。VPN可以使运用者应用一个简便化设置的互联网基础设备，使新用户能够快捷地进入这一网络中。这种作用意味着企业能够在提供大量的容量和运用同时，不需要额外的基础设施
优势三	VPN可以提供高级别的安全性，在运用高级加密和身份识别协议时保障数据不被窥觑，以防数据窃贼等非授权用户获得此类数据
优势四	虚拟专用网络让用户在充分掌握自己网络控制权。用户只应用ISP提供的网络资源，自身都能够对其余的安全设置，网络管理的变更进行操控。还可以在企业内部自建虚拟专网

3. 病毒防范技术

（1）计算机病毒定义

计算机病毒是一种人们有意撰写的非法小程序或指令合集，其能够长期隐藏在计算机系统中，利用自我复制来传播，在特定情形下被激活，给计算机带来危害与风险。

（2）计算机病毒的分类

引导区病毒、文件型病毒、复合型病毒、宏病毒、蠕虫病及其他病毒。

①引导型病毒。

20世纪90年代中期，导入型病毒是最流行的病毒类型，主要利用DOS环境下的软盘传播。导入型病毒会影响软盘内的导入区和硬碟，也会影响使用者硬碟内的导入区MBR。当电脑出现中毒现象，电脑读取的每一个软盘都会因此被影响。

导入型病毒的传播形式是：病毒藏匿在磁盘中，在内存中停留，直到系统文件启动。如此，计算机病毒就能够对DOS中断作用进行完全的控制，从而进行病毒的传播和毁坏程序的行为。设计在DOS或Windows3.1上运行的导入区病毒无法在新的电脑操作系统上进行传播，因此目前此类电脑病毒并不多见。

②文件型病毒

也称为寄生病毒，一般是会感染运行文件（.exe或.com），但也有部分病毒会感染DLL、SCR等其他格式可运行文件。当被感染的文件进行运行工作时，该病毒就会发作，其能够把自身拷贝到其他可执行的文件中，同时不中断地执行原有程序，不被使用者发觉。

③复合型病毒

复合病毒同时具备了导入型病毒与文件型病毒的两种特征。

④宏病毒

宏病毒专门针对特殊的运用软件，能够传染一些运用软件中依附着的宏指令，能够利用邮件附件、软盘、文件下载、群组软件等多种形式实现轻松散布，如微软Word、Excel等。宏病毒使用程序语言编写，如Visual Basic等。1995年发现首例宏病毒，不久之后宏病毒成为最常见的计算机病毒之一。

⑤蠕虫病毒

蠕虫病毒是另一种程序性的病毒，能自动拷贝并通过网络进行散布。它与计算机病毒有些不同，后者通常集中在感染其他程序上，前者是通过网络进行传播。随着互联网的迅猛发展，蠕虫病毒通过电子邮件系统来达成自我拷贝，比方说在短时间内将自身隐匿于附件并利用邮件传送给多名用户。而某些蠕虫病毒如CodeRed也会利用软件上的破绽来进行散布，从而达成破坏的目的。

（3）计算机病毒的防范

计算机病毒主要是利用写读文件在网络进行传播的，但写读文件又是不可缺少的，因此必须根据其传播途径采取适当措施加以防范。

①避免多人合用一台电脑

在多用户共同使用的电脑上，因为使用用户比较多，各自防范病毒的意识也不尽相同，软件运用的频率更多，来源复杂，从而使病毒传播的概率大幅度提升。

②不明来源软件或盗版软件应避免运用

不将别人的移动硬盘放到自己的电脑里，也不要随意转借别人自己的移动硬盘，更加不要随意使用盗版软件，因为它们极有可能携带病毒。

③文件下载要到知名的大型网站进行

近几年，电脑病毒利用网络平台进行散发已然成为另一类的主流，而网络也让病毒的传播进入一种空前猖獗的地步。因此网络下载需要慎重，务必选择知名网站、大型网站等安全可靠的网站，避免选择一些小网站。建议先做病毒扫描再使用网上下载的软件，由此保障安全无毒。

④管好、用好电子邮箱E-mail系统

⑤安装品质优良的正版杀毒软件，开启病毒防火墙

目前常见的杀毒软件有：Norton AntiVirus、金山毒霸、瑞星、卡巴斯基、熊猫卫士、ESET NOD32、BitDefender等。

安装上杀毒软件后，要正确运用杀毒软件，正确设置杀毒软件的有关功能，如果实时防护功能开启，病毒库也会及时升级。经常查杀病毒，随时对整个系统进行监控。

4. 信息安全技术

（1）密码学概述

将明文信息进行一定的转换，使之成为一种无法了解的形态，这一过程即为加密，这样无法了解的形态被称为密文。解密是一种加密的逆过程，也就是把密文还原为明文。

加密和解密必须依靠算法和密钥这两个因素。算法是加密、解密的运算形式；密钥则是需要加密和解密的数字信息。

比如：选用移位加密法，通过挪动3位之后的英文字母来表示原始的英文字母，这个相对应关系如图7-2所示。

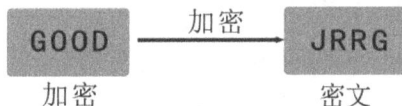

图7-2　加密示意图

（2）对称加密技术

对称加密算法是指运用一致的密钥实现信息加密和解密。首要代表有数据加密标准DES、3DES、AES。对称加密算法的运算速度十分快，所以，在大量的数据加密流程中被广泛运用。

DES是对称加密技术的早期经典代表。这是IBM公司1977年为美国政府研发出的一种新型加密算法。DES是一种基于56位密钥的密码块加密技术。其基本思想来源于分

组密码，即将明文分成固定的N-bit数据组，再以组为单位进行一系列线性或非线性的变化变换，在密钥的控制下得到密文。这就是分组密码（Block≠Cipher）系统。分组密码一次转换一组数据，当给定密钥后，分组转换为密文分组，长度一致。如果明文分组一样，那么密文分组也一样。在1979年，美国银行协会同意运用DES，并且1980年美国国家标准化协会（ANSI）再一次采用了此技术为基本标准，DES逐渐成为当时商业保密通信和电脑通信的主要加密算法。DES在密码学的发展过程中意义重大。

进入20世纪90年代，DES在实际运用中的保密性遭到非常大的考量。为此，美国推出了改进版的DES——3DES。也就是在运用的进程中，收发双方都是一致运用3个密钥加密解密。这类3×56的加密形式大幅度加强了其密码的安全性，增加了破解难度，但同时，也需要更多时间来进行加密与解密3次信息。运用这类密钥的双方都必须持有3个密钥，假如某一个密钥遗失了，那么剩下的两个密钥就变成了无法使用的密钥。如此一来，私钥的数量一下子增加了3倍之多，管理难度明显加大。于是，美国国家标准与技术研究所（NIST）于1997年再一次公开发起高级加密标准AES的评选活动。

比利时密码学家Joan Daeman和Vincent Rijmen提交的Rijndael算法经过5年的筛选过程，被建议成为AES的最终算法，并于2002年5月成为有效标准。一直到2006年，AES已经成为当时对称密钥加密中最常使用的算法之一。AES内部有更简约、更准确的数学算法，而且在加密后的材料中仅仅只用一次就能通过；设计有128位、192位、256位三个按键长度；算法对差分密码分析和线性密码分析有较强的预防作用。相对来说，AES的128位比DES的56位要强1021倍。总的来说，作为当下最新一代的数据加密标准，AES速度高，安全可靠，性能高，使用方便，操作灵活，系统资源耗费比较低，可以支持各种小型设施。如今，AES算法已经在各个领域得到广泛应用。

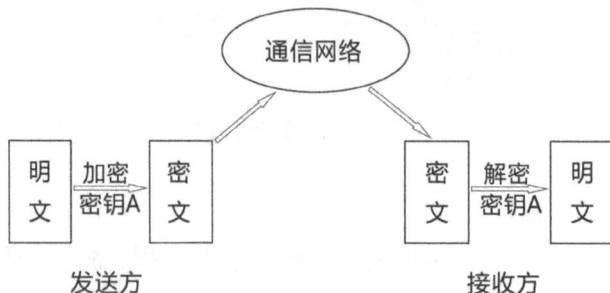

图7-3 对称密钥加解密的过程

在对称加密算法中，发送者和接收者拥有相同的密钥虽然解决了信息的保密问题，但又引出了新的问题。设想发送者用对称密钥对明文加密后发送给接收者，收信人必须有相同的密钥，才能将其解密。但是如何将密钥传送给接收者呢？显然不能通过网络传送。因此，对称加密技术在实践运用中存在如表7-3的问题。

表7-3 对称加密技术问题表述

问题一	在第一次通信之前，双方必须将统一的密钥通过网络以外的方式进行传输
问题二	当网络用户数很多时，对称密钥的管理十分烦琐。例如，一个拥有100个贸易伙伴的企业，一定要有100个密钥，这就增加了密钥的整合和使用难度
问题三	对称加密基于共同保密原则，假如其中一方泄密会影响到密钥在管理和分配密钥进程中作用，因此会存在隐匿在暗处的风险和复杂的管理难度

5. 电子商务认证技术

（1）认证技术概述

认证技术是整个信息保证规范中的根本要素。认证技术大多数被运用于信息认证，对信息发送者进行身份真实性的核实，防止身份伪造；对信息的完整性进行核实，即核实信息在传递或储存进程中没有被修改。

加密技术使网上交易信息保密性的问题得到解决，接下来应处理的问题是保障买卖信息的完整性、买卖者身份的真实性和买卖行为不可否认性等。安全认证常用技术主要有数字摘要（见图7-4）、数字签名（见图7-5）、数字证书、数字时间戳（见图7-6）、数字信封等。传统的商业文书依据当事人的亲笔签名或单位盖章，对其真实性、合法性进行了证明。但是，通过网络传递的电子文档是怎么签章的呢？这就是认证技术所要解决的。这是保障电子商务买卖活动安全性的重要技术之一。其涵盖了身份认证与信息认证两个层面，而身份认证是负责辨别用户的真实身份，信息认证是负责保障通信双方的不可否认性和信息的完整性。

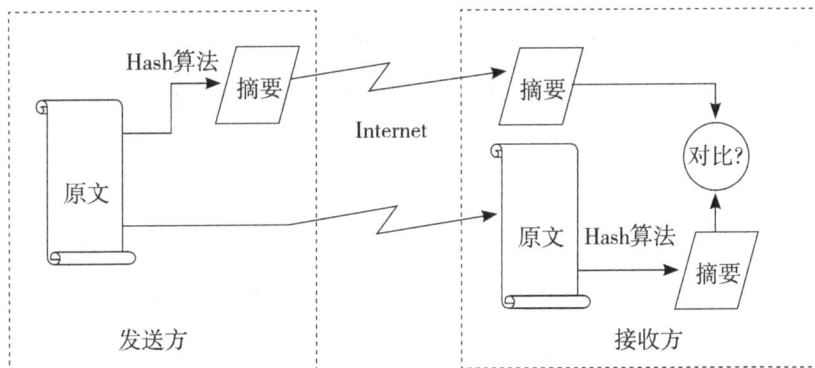

图7-4 数字摘要加密技术示意图

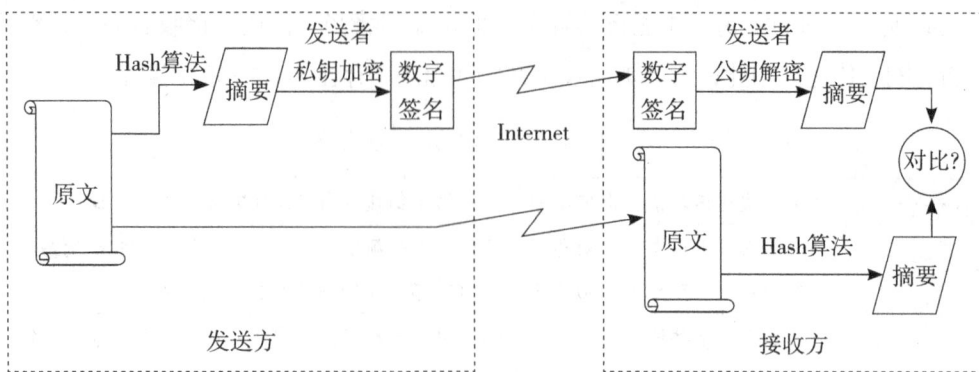

图7-5 数字签名加密技术示意图

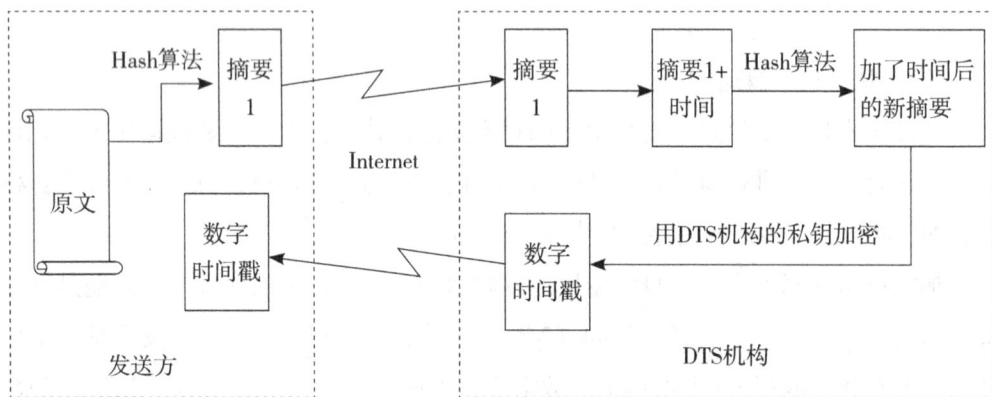

图7-6 数字时间戳加密技术示意图

（2）身份认证

身份认证是对通过互联网平台进行买卖的双方真实身份进行判断和核实的关键环节。因为不谋面的交易双方通过普通的计算机网络传输信息很难确认对方的真实身份。因此，必须要采取一定的身份识别技术证实各方的真实身份，才能使当事人无法否认自己的行为，保障电子商务的健康开展。

用户的在线身份认证通常可以通过以下几种基本的方式或者是它们的组合方式来实现。

①口令方式。这是当下用户身份认证中最简单、最广泛的一种运用形式。口令由数字字母、专用字等构成。每一位用户使用的二元组信息将会由系统提前保管，在用户把二元组信息输入系统时，系统将依照提前保管的用户信息与用户输入的信息进行比对，由此对用户身份的合法性进行审核。这类身份认证形式运用起来非常简便，但安全性是非常堪忧的，是因为它的安全性只单纯建立在用户密码保密的基

础上，而用户使用的密码大多较为简短，也较为好猜，以至于无法抵御密码猜测的冲击，故整个系统的安全性十分容易遭到威胁。

②标记方式。标记形式通常是指用户单独所有的某个私密信息（硬件），该秘密信息记录的是个人信息，用于系统识别。用户必须持有用于身份识别的合法物理介质（如智能卡等）才能对系统资源进行访问。

③人体生物特征方式。生理和行为特征通常结合称为生物特征，一般包含指纹、掌纹、视网膜、面部图像、声音、笔迹、步态、DNA等多项特征。这些人体生物特征在人群中出现完全相同的概率非常低，能够直接用于身份认证，具备十分高的安全性，适用于要求较高身份辨别场所。

④PKI认证方式。公开密钥基础设施（Public Key Infrastructure，简称PKI）是一种系统，是利用公共密钥技术和数字证书这种形式来保障系统信息安全性，并且需要对数字证书持有者的身份进行专门验证。也是目前国际上针对开放式互联网络信息安全的一种比较成熟的解决办法。各方信任同一PKI/CA认证中心，由其对各参与方的身份进行核对和验证。

在电子商务环境下，可以使用由PKI/CA认证中心颁发的数字证书来证实网络交易各方的真实身份。这类形式是利用用户私钥在公钥密码系统中的机密性，使用数字证书的形式，为每一位合法的用户公钥提供合法性证实，提供用户身份的唯一性验证。PKI认证是结合使用了数字摘要、非对称加密、对称加密、数字签名等多项技术，将安全性和高效性很好地整合在一起的一种强认证机制。当前在安全邮件、应用服务器访问、客户端认证、防火墙认证、在线交易、数码签名等领域应用非常广泛。

身份认证能够依照选用因素的多少分为单因素认证、双因素认证和多因素认证三大类。独自运用上述形式中的一种进行身份认证归属于单因素认证。以上方式中两种合并的认证属于双因子认证。

因为PKI认证形式中数字证书私钥通常贮存在计算机硬盘、智能卡或USB Key等存储介质中，用户会设置简单好记的口令访问存储介质使用私钥，因此就形成了一个弱因子（口令）和一个强因子（证书）的结合的机制。如果个人保管不当，发生了证书私钥文件（或存储介质）与保护口令同时被窃取的情况，用户仍然存在着数字身份被假冒的可能性。

在安全级别要求高的地方，这种身份认证是不够的。如果结合生物特征识别技术就可以实现双因子强认证机制，有效确认合法用户的数字身份和物理身份，安全强度大为提高。将以上多种形式整合运用，属于多因子认证。

（3）数字证书

数字证书识别用户的身份让用户通过电子方式访问网络资源。无论什么信用卡只要所有者申请相应的数字证书就可以参与安全电子商务在线交易。

数字证书采用公钥和私钥加密系统。用户个人拥有私钥，用于解密和数字签名。同时，它具有公钥，可以执行信息加密和签名验证等公共功能。

Ⅰ．数字证书的作用

数字证书可以使用一对匹配的公钥/私钥进行加密和解密，对网络上传输的信息进行数字签名和验证，以确保在线信息传输的机密性和完整性、交易主体的真实性和签名信息的不可否认性。数字证书就用来提供了一种在线身份验证的方法。交易双方可以向另一方提供自己的数字证书，以确认其合法身份，从而建立信任关系。每个用户设置一个公钥（公钥），并且把它公开用于加密以及验证签名，供一组用户共享；同时，他设置一个仅属于自己的特定私钥（私钥），用于解密和签名。在发送机密文件的时候，发件人需要使用收件人的公钥加密数据，在接收方则使用自己的私钥解密数据用来确保数据通信安全。

数字证书是在线客户的识别和注册规范。目前，大多数商业网站使用用户名和密码进行身份验证。这需要网站从所有注册用户那里收集信息，并保持庞大的数据库。同时，这种传统的注册机制的安全性相对脆弱，易受到外部攻击。数字证书的安全和身份验证功能消除了传统密码机制的安全漏洞，为每个用户提供了独特的私钥，并促进了对Web服务器、网站维护和服务的访问，降低端口成本。数字证书就是和客户建立信息安全的渠道。

数字证书已广泛应用于安全电子交易处理和安全电子交易活动领域，如安全电子邮件发送、安全网站访问、在线证券交易、在线采购投标、在线办公室、在线保险、在线税务、在线合同和网上银行。

Ⅱ．数字证书的内容

数字证书内容包括：证书所有人姓名；公钥的有限期；证书所有人的公钥；颁发号码合格证的单位；发放数字证书单位号码签章；数字证书等资料。数字证书Internet属性如图7-7所示。

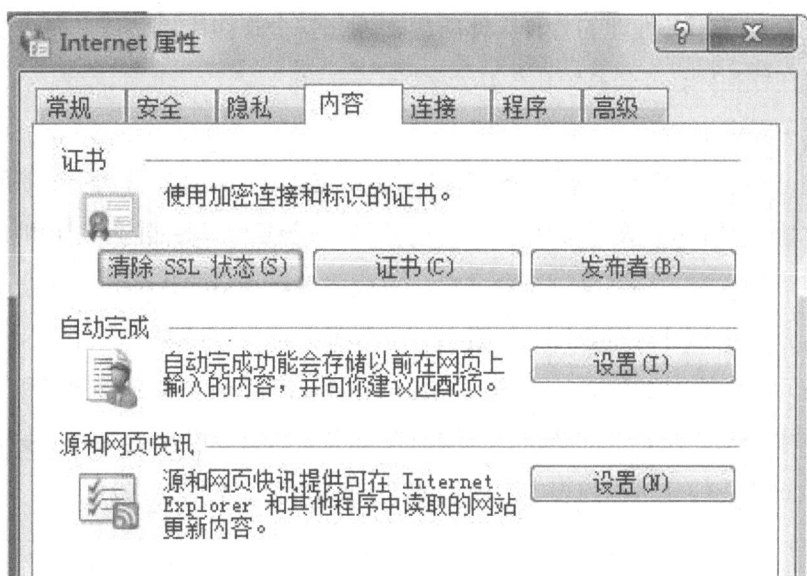

图7-7　数字证书internet属性菜单截图

Ⅲ. 数字证书的类型

按照证书的使用者分类，主要有个人身份证书、安全邮箱证书、单位证书、服务器证书、代码签章证书等多种类型。

①个人身份证书

此类证书在网络通信中用来表明证书持有者的个人身份或规定访问在线信息或服务的权利。证书中包含证书持有者的个人身份信息、公钥及证书颁发机构（CA）的签名。个人身份证书主要应用于个人网上交易、网上支付、电子邮件等相关业务中，实现了用户身份验证、资料加密以及数字签名等功能。

②安全邮件证书

这种证书包括用户邮箱地址信息，可加密身份识别、数字签名、电子邮件，可用于加密电子邮件内容和附件并且保证邮件在传递过程中不被非授权用户截取，不被非授权用户读取，不被非授权用户篡改；可核对电子邮件签名，使接收方确认邮件由发送方发出，且未在传递过程中做任何手脚。因此，采用数字签名和经过加密处理的安全电子邮件，能够确保邮件的安全保密，确保发送方的身份真实，并且具有不可抵赖性。

③单位证书

此类证书颁发给独立的单位或机构，用于在互联网上对单位或机构进行身份证明；可以进行单位、组织对外网络业务的身份识别、信息加密及数字签名等；可用

于单位安全电子事务处理的各种具体应用，例如安全邮件传递、公文在线发送、在线合同、在线招标、办公系统在线办公室等

④服务器证书

这类证书主要颁发给需要安全识别的Web站点或其他服务器，用于证明服务器身份的真实性、安全性以及可信任性等。服务器证书需要和服务器的固定IP地址或域名进行绑定。通常客户端网络浏览器会自动完成服务器身份的认证，服务端还会根据需要对客户端证书进行有效性的检查。一旦服务器确信客户端用户身份合法，将允许用户访问相应的Web资源或建立安全通道，将自动对传输数据进行加密和解密，实现安全电子交易。用户要注意查看此服务器证书是否有效以及证书的颁发机构是否在自己系统的受信任机构列表中。此类证书支持IIS等主流的Web服务器，可以存放在服务器硬盘上，也可以在硬件设备上进行加密。

⑤代码签名证书

这样的证书代表软件开发者的身份，为软件开发者提供技术，让软件代码成为证明软件合法性的数字签名。代码签名证书可以有效地防止代码伪造，保护用户免受黑客程序病毒的侵害，并保护软件开发人员的版权利益。最终，用户在下载代码签名软件时可以确定软件的来源和完整性。

数字证书等身份认证技术解决了网络身份真实性的安全要求。对于信息完整性的要求则需通过信息认证技术（如数字摘要、数字签名和数字时间戳等）加以满足。在某些情况下，信息认证处于优先考虑的位置。例如，有些交易的具体内容不应保密，而应仅限于确认交易信息被另一方发送或接受的事实，同时在通信过程中也可以确认所接收的信息并未被篡改。网络广告信息的接收方主要是关心信息真实程度，以及关注来源可靠程度。

Ⅳ. 数字证书颁发过程

①由用户在线填写数字证书申请表，他们的计算机系统会自动生成公钥/私钥对，并向CA中心上传公钥和部分个人身份信息注，私钥保存在自己的计算机系统中不上传；

②CA中心核实用户身份，再对用户发送来的信息进行确认；

③CA中心向用户发送包含用户个人信息及其公钥信息的数字证书，并附上CA中心的数字签名信息；

④用户使用保存有相应私钥的电脑系统进行数字证书的网上下载和安装。

Ⅴ. 数字证书有效的条件如表7-4所示。

表7-4　数字证书有效条件

条件一	证书没有过期
条件二	密钥没有被修改
条件三	用户仍然有权使用这个密钥
条件四	证书不在 CA 发布的证书撤销表（CRL）中

（4）认证中心

认证中心负有重要的认证职责，主要包括三个部分：注册服务器、注册机构和证书管理机构。

CA也称为电子身份验证中心，是负责在线安全电子交易认证服务的第三方机构。无论特定交易行为如何，它都可以签发数字证书来确认用户的身份。

认证中心一般被认为是一个企业服务组织。其主要任务是接受和验证数字证书的应用、签发和管理。其核心是PKI。这是一个易于管理且集中的网络安全解决方案。支持多种形式的数字身份验证、数据加密、不可否认的数字签名、识别、密钥管理、交叉身份验证等。在互联网时代，PKI被广泛用于建立信任。认证中心被认为处于整个电子商务环境中至关重要的地位，是整个信任链的起点。如果认证中心不安全或签发的证书不具有权威性，则无法判断在线电子交易是否安全。

认证中心的可靠程度取决于表7-5中关键性问题。

表7-5　认证中心可靠度关键文体点

关键点一	系统的保密结构，包括运营程序以及由认证授权机构提供的保护措施
关键点二	用于确认申请证书的用户身份的政策和方法
关键点三	电子交易的用户是否能信赖由其他人证明的身份或证书内容
关键点四	证书申请机构在安全管理方面的经验，特别是很长一段时间内提供这些服务的信誉

在世界各地建立认证中心有两种主要方式：一种是由政府建立或授权的机构作为担保机构，将国家政府信贷用作担保，如我国的CA机构主要由政府主导，属于政府监管的发展模式，以保证数字证书的权威性、标准化、可执行性；另一种则是社会信用制度健全、认证体系趋于完善的国家通过竞争市场品牌信誉，政府不介入的一种发展模式，就像美国的VeriSign。

中国在CA认证上仍然是起步阶段，没有完整的整体规划和协调，交叉认证也不兼容，迫切需要一个全国性的、完整的、分层的和合理的CA基础设施来保证电子商务的发展。

6. 安全电子交易技术

（1）安全套接字层协议（SSL）

位于TCP/IP协议和各种应用程序层协议之间。它使用公钥系统和数字证书技术来确保数据在传输过程中不会被拦截和窃听。

（2）SET协议

SET的核心技术包括对称加密技术、不对称加密技术、数字签名技术、HASH算法和公钥授权机制。

保障网络支付安全，首先用户要有安全防范意识，要有基本的防范技巧。

①确保终端安全，保证安全锁完好

防病毒软件、操作系统补丁等应及时更新；直接从官方网站安装银行和第三方支付软件；不要轻易点击未知来源或他人发送的链接。

②妥善保管敏感信息，保证安全密钥未丢失

要妥善保管好自己的身份证信息、账户信息、银行卡信息、手机号码等，不要轻易向他人提供；

③重视密码安全，安全的第三重保障

设置个性的独立密码，与平时在公众场合使用的口令不一样；不将连续、重复或简单的号码组合用作密码，也不使用本人的生日、电话号码或身份证号码；不向任何陌生人提供短信验证码、动态口令等动态密码；支付端口令牌等支付安全工具应妥善保存，不得交付他人使用。使用后，应该及时从计算机中进行检索。如果弄丢了，应该尽快去银行柜台报告损失和补给程序。

④使用银行或者支付机构提供的各类安全产品

一定要使用银行或支付机构提供的安全工具或产品进行网络支付，例如，申请数字证书、打开手机动态密码、短信提醒和其他服务。经常在线支付的用户应打开专业版网上银行并安装网上银行数字证书。

⑤培养良好的安全支付习惯

减少在网吧、图书馆以及其他公共场所使用网上银行的频率，也不要使用公共电脑进行网上银行业务。在关闭浏览器之前，请务必清除所有信息；设置支付的交易限额，以避免可能的大额经济损失；交易完成后查询账户余额和交易明细，定期检查历史交易的详细信息并打印对账单，如果发现异常交易或账单错误，应该立即联系银行或支付机构；仔细核对支付信息，防止误付、错付；若个人资料有变动，应通知银行或支付机构及时修改相关信息。

⑥选择有资质的银行和支付机构进行网络支付

在线支付业务应由中国人民银行许可的商业银行和支付机构合作进行。这些组织的信誉相对较好，安全预防措施相对完整，用户更有选择的把握。不要选择不具备相关资格或来源不明的组织提供的网络支付服务。如果真的想使用这些服务，也应该在使用前经过多方验证。

借助开放的互联网开展商务活动，这对于经营者和消费者来说是双赢的，交易双方在线进行商务信息沟通、交流，成功地达成一致，此后将进入交易协议履行阶段，购买方需要向售卖方支付钱款，售卖方需要向购买方交付交易标的，这就涉及支付与物流。安全、便捷、快速的支付对于推动电子商务的迅速发展至关重要。支付需要有代表钱款的支付工具，适合于电子商务的支付工具只能是数字化的货币，即电子货币。电子货币则是一种传统货币的存在形式。需要提供电子货币结算服务的网上银行。由于支付涉及直接的经济利益，所以对于支付安全的要求就会显得高。了解电子商务活动过程中可能会出现的安全隐患，并利用有关技术有针对性地解决这些安全问题，使之符合电子商务的安全保障要求。

案例拓展

2021五大网络安全事件

1. 十四五规划发布，网络安全迎来高速发展

2021年3月11日，十三届全国人大四次会议通过《中华人民共和国国民经济和社会发展第十四个五年规划和2035年远景目标纲要》规划中提及"网络安全"14次、"数据安全"4次，涉及数字经济、数字生态、国家安全、能源资源安全四大领域。

在"十四五"期间，网络安全产业已经在国家政策层面确定会被进一步地"培育壮大"，这意味着中国的网络安全产业规模会继续保持快速而稳健的增长，并有望在2035年达到万亿左右规模。

2. 网络安全审查

2021年7月10日，国家互联网信息办公室发布关于《网络安全审查办法（修订草

案征求意见稿）》公开征求意见的通知。

网络安全审查重点评估关键信息基础设施运营者采购网络产品和服务可能带来的国家安全风险，包括：产品和服务使用后带来的关键信息基础设施被非法控制、遭受干扰或破坏，以及重要数据被窃取、泄露、毁损的风险；产品和服务供应中断对关键信息基础设施业务连续性的危害；产品和服务的安全性、开放性、透明性、来源的多样性，供应渠道的可靠性以及因为政治、外交、贸易等因素导致供应中断的风险；产品和服务提供者遵守中国法律、行政法规、部门规章情况；其他可能危害关键信息基础设施安全和国家安全的因素。

3. "3·15"报道人脸信息滥用、简历泄露等乱象

2021年3月15日，"3·15"晚会（国际消费者权益日）在央视财经频道播出。此次"3·15"晚会曝光了人脸数据滥用、个人简历泄露、老年人手机里的安全陷阱、搜索之病、又见瘦肉精、追踪"瘦身"钢筋、名表维修猫腻多、福特翼搏变速箱生锈内幕、英菲尼迪QX60变速箱故障频发等九大问题。值得一提的是，互联网行业成为"3·15"晚会上半场的重点曝光对象，前四个被点名的案例都与互联网有关，信息安全和隐私泄露成为重灾区。

4. 上海数据交易所揭牌成立

2021年11月25日，上海数据交易所揭牌成立仪式在沪举行。上海市人大常委会表决通过了《上海市数据条例》。比较之前国内成立的数据交易机构，上海数据交易所揭牌成立的时间，正处于我国法律法规、业界产品技术均取得长足进步，全社会的网络安全、个人隐私保护意识不断加强的阶段。正是因此，上海数据交易所值得网络安全行业关注，关注网络安全、数据安全技术在这里的应用创新。

5. 《网络安全产业高质量发展三年行动计划（2021—2023年）》

2021年7月12日，中华人民共和国工业和信息化部公开征求对《网络安全产业高质量发展三年行动计划（2021—2023年）（征求意见稿）》的意见。

行动计划中提出：到2023年，网络安全产业规模超过2500亿元，年复合增长率超过15%。一批网络安全关键核心技术实现突破，达到先进水平。新兴技术与网络安全融合创新明显加快，网络安全产品、服务创新能力进一步增强。

第二节　电子商务立法概述

7.2.1　电子商务法的有关概念

电子商务法是在计算机环境下开展的，以数据电文为交易手段而形成的电子交易形式法律规范的总称。这是一个新的综合法律领域。

有关国际电子商务的立法有《计算机记录的法律价值报告》《电子资金转移模型法》《电子商务模型法》《电子商务模型法实施指南》《电子签名统一规则》等。

电子商务立法是商业交易中的程序法，它调整了当事人之间因使用交易形式而产生的权利和义务。促进电子商务发展的前提和保证是电子商务立法，它已成为国际关注的焦点。尽快地在世界各地建立一个良好的电子商务法律环境，创造一个有利于电子商务发展的内部和外部环境，促进世界经济的健康发展已成为国际社会的共识。

1. 电子商务法的调整对象

调整的对象是立法的核心问题。它揭示了区分一项法律和另一项法律的基本标准——由立法调整的特定主题产生的特定社会关系。但是由于电子商务的内在性质和特征，电子商务法调整的应该是电子商务交易活动中产生的各种社会关系。这些关系广泛采用新信息技术，应用于商业领域形成，在虚拟社会中形成交叉。这和实体社会的种种社会关系不同，是独立于现在的法律调整范围的。

2. 电子商务法所涉及的技术范围

纵然在制定《中华人民共和国电子商务法》时经常提到更先进的通信技术，如电子数据交换、电子邮件等，但电传和传真等不太先进的通信技术也应适用于《电子商务法》所依据的原则和规定。

这种情况可能存在，即数字信息最初通过标准化的电子数据交换发送，然后通过计算机生成的电传或计算机打印的传真、副本等传输发送方和收件人之间的传输过程中的某种链接。数据消息可以从口头传输开始，最后更改为传真、复制，或首先以传真和复制的形式，最后成为电子数据交换消息。

3．电子商务法所涉及的商务范围

电子商务也是一种商业活动，电子商务法需要涵盖电子商务环境中合同、支付和商品分销和运营规则的演变的问题，同时也需要涵盖各方（包括企业和政府）的地位、作用和运营规范等问题。

7.2.2 立法目的

1．为电子商务的健康快速发展创造有利的法律环境

随着电子商务的普及，使用的数据消息数量激增。然而，以非书面消息形式传输具有法律意义的信息可能会受到使用此类消息的法律障碍以及此类消息的法律效力（或效果）的不确定性的影响。

制定《电子商务法》的目的是在虚拟环境中为电子商务的各种参与者提供一套交易规则，并解释如何消除此类法律障碍，为进一步利用电子商务中遇到的法律障碍创造一个相对可靠的法律环境。

2．弥补现有法律的缺陷和不足

电子商务是单独立法的，因为目前关于信息传输和存储的国家立法不完整或过时，在起草这些文件时没有预料到电子商务的应用。在某些情况下，现行法规对现代通信手段的使用施加了某些限制，或通过规定应使用"书面""签名"或"原始"文件来包含某些含义限制。

各国就信息的某些方面也通过了一些具体规定，但也还是没有关于电子商务的相关和全面的立法，人们无法准确理解纸质文件上非传统形式的信息的法律性质和有效性，电子支付的安全性也不全可信。此外，电子邮件和电子数据交换的使用越来越普遍，传真、电话和电子邮件等通信技术需要相应的法律和规范。

3．鼓励使用现代信息技术促进交易活动

《电子商务法》的目标包括让便利使用电子商务成为可能，平等对待桌面用户和数据电文，并在商业活动中充分利用高科技手段。

促进经济增长和提高国际和国内贸易效率是《电子商务法》的重要组成部分。此外，电子商务立法的目的就是从技术角度来考虑电子商务关系，进而来创造最安全的法律环境，并使通信各方之间有效开展电子商务领域的活动。

7.2.3 立法原则

我们必须去掌握一些立法法则，在构建电子商务的法律体系的过程中，这些立法法则是法律制定的基本起点，以及在制定过程中应该遵循哪些方向和指导方针。这此指导方针贯穿电子商务立法的整个过程并且控制和指导构建各种电子商务体系和法律环境。

1．中立原则

电子商务立法的中立原则是在电子商务中建立公平交易规则，这也是电子商务法中交易安全原则立法的必然体现。

由于不同的兴趣动机，电子商务所涉及的各方将不可避免地存在冲突。必须确立中立原则，以便在各方利益之间实现平衡，实现公平目标。

2．自治原则

自治原则就是允许交易双方通过协议签订交易规则，就是交易的基本属性。所以在电子商务的立法和司法程序中，自治原则应以提供充分表达和实现各方意愿的足够空间为指导，以便有效地获得证据。

3．平等原则

平等原则最主要是涉及在双方交易过程中的知情权，即双方必须有权了解对方

的信息。他们可以通过公共数据传输获得所需的信息，确保他们在传输过程中是公平、开放和公正的。

与此同时，它还包括平等对待电子交易的证据，即电子签名和票据应与书面签名和票据平等。

4. 安全原则

保障电子商务的安全运行，既是电商立法的主要目标，也是其根本原则所在。

电产贸易因其高效、便捷的特点，从所有电子商务贸易方式中脱颖而出，拥有强劲的生命力。这种高效、快速的交易工具的必要基础是安全，安全保障来自技术，同时要有法律上的保障。

例如《电子商务法》明确加强电子签名的标准，明确认证机构的资质、职责等，目的在于使电子商务中的安全程度至少与传统的纸质形式相当。

结合我国国情，在电子商务立法中，我国的电子商务法律制度不断完善，在法律的制定和应用过程中针对电子商务活动的业务特点，我们补充了以下几个重要的原则：

1. 协调性原则

为了在电子商务立法中加强与国际立法的衔接，要充分吸收国外先进立法经验，尽量做到与国际接轨，防止由于国家的立法权和国情太过偏重，从而限制了电子商务的发展。电子商务是全球性的经济行为，它的法律架构不应该局限在一个国家，而是应该包括在国际上得到国际认可和遵循的经济交换。

电子商务立法应与现有立法、签名、远程合同、消费者权益保护法、跨境交易法等进行统筹。电子商务仅仅是一种形式，并不能彻底改变当前的贸易环境和模式，例如通过电话、电视、传真、电传进行的电子商务，它的特点就是互不见面，无纸化，这正是现代电子商务的互联网平台所具备的。目前，国际间的商业模式也是有一定的开放程度。

各种电子商务中的新的利益关系要协调好，如合理使用著作权、商标权冲突域名权等，尤其是商家与消费者的利益关系要协调好，电子商务立法要使在其他交易形式中消费者受到的保护水平不高于电子商务，在没有大量消费者参与的情况下，电子商务的健康发展是不可能的。

2．超前性原则

电子商务的实现也需要相应的技术支持，例如数字认证、数字签名、电子支付等，这些都是以密码技术、数据通信技术和其他技术为基础的，而一旦国家立法规定将数字签名、数字认证、电子交易等系统都依附于某一专门的技术手段，随着技术的发展，数字认证、数字签名、电子支付等传统的电子交易法律制度已经不能满足新的技术要求。由于其技术特性，立法时应遵循相关的技术类别，以适应其客观需求与其自身的发展，追踪其最新动态，保证其在法律上的连续性与稳定性。

3．兼容性原则

电子商务立法应与过去、现在、未来可能出现的技术方法、技术标准等相互协调这就是兼容性原则。

随着网络、信息化、科技和社会的飞速发展，我国的电子商务立法也面临着网络化、信息化等新的挑战。电子商务立法应当遵守兼容原则，包括兼容电子商务、签名、认证、原件，书面形式、数据电文、信息系统、相关技术等，不能仅限于符合现有技术和社会的迅速发展所要求的某些技术手段或技术标准。

4．鼓励促进原则

在互联网与电商发展的世纪，电商起到重要的作用。但是，电子商务的发展趋势还并不完善。电子邮件和电子数据交换等现代信息方式在电子商务贸易中应用的迅速扩大和深入拓展，但通过非纸质电文的方式传播带有重要价值的信息，可能会因为这种电文本身的法律效力存在不确定性而受到一定的冲击。

因此，必须采取立法激励与指导，引导与推动电商的开展、互联网基础设施发展、与电商有关的技术开发和标准、税收政策、市场准入等，针对不同的电商主体，建议在虚拟环境下设立交易制度，探讨降低其立法阻力，营造相对稳定的法制环境，公平地对待那些基于文字资料的使用者和基于数据电文的使用者，充分发挥高科技在商业活动中的功能，并通过运用现代信息技术来促进贸易的发展，促进电子商务的发展，以及提高国际、国内贸易的效率。

5．引导原则

由于国内电子商务的发展水平和公众对电子商务的认同度较低，政府应承担起引导的职责，努力引导企业和公众积极参与电子商务，从政策、法律等方面入手，为电子商务营造一个良好、宽松的运行环境。

6．灵活性原则

灵活性原则要求在与国际接轨的同时，从本国实际情况出发，保留鲜明的民族特色，把鼓励和发展电子商务作为立法的前提，适度规范，留有余地，有利于电子商务的发展。

第三节　电子商务法律体系

7.3.1 国际组织的电子商务立法情况

1980年，国际经济合作与发展组织（OECD）提出了《保护个人隐私和跨国界的个人数据流指导原则》，指出了保护个人隐私的基本原则，具有很强的代表性。

1985年，OECD又发表了《跨国界数据流宣言》。

联合国贸易法委员会于1990年提出了一份具有划时代意义的报告，题为《对利用电子方法拟定合同所涉及法律问题的初步研究》。

1992年，联合国贸易和发展会议制定《国际资金支付示范法》，目的在于加强国际间电子支付应用。

《电子数据交换和贸易数据通信有关手段法律方面的统一规则草案》是全球首部电子商务统一法草案，在1993年10月发布。

联合国大会1996年通过的《电子商务示范法》是全球首部专门针对电子商务的法律。解决了电子商务的很多法律重大问题。

国际商会于1997年11月6—7日在法国巴黎召开世界电子商务大会，提出电子商务规则文件——"国际数字担保业务通则"。

欧盟于1997年4月15日发布了《欧洲电子商务倡议》，提出政府必须提供一个良好的环境来促进电子商务的发展，并以"电子政府"的工作方式尽快适应和推动电子商务的发展。

国际经济合作与发展组织于1998年启动了《全球电子商务行动计划》，该计划为全球电子商务的发展做出了重要贡献。

世界贸易组织国际互联网商业会议于1998年2月19日在日内瓦举行，就"一年内通过互联网销售的软件和商品的关税豁免"达成了协议，即"零关税"协议。该协议在电子商务税收发展史上将具有重要的里程碑意义。

7.3.2 我国电子商务的法律环境构建

如果我国的电子商务想要迅速而稳步发展，除完备的技术安全和良好的经营环境之外，配套法规体系也是必要的。在保持并贯彻传统商法基本原则的基础上，《电子商务法》将逐渐摒弃传统商业规范的标准化内容，同时补充用于规范电商活动的具体内容。

1. 我国电子商务法的发展

1999年3月15日中华人民共和国第九届全国人民代表大会通过并于1999年10月1日起实施的《中华人民共和国合同法》，为我国电子商务的发展奠定了法律基础，首次明确了电子合同的合法地位，但毕竟传统的书面合同不同于电子合同，其记录、文书、单证、凭证等与合同相关的实际操作问题，在电子商务活动中仍有待相关法律法规的同步，在社会认知程度上也存在差异，仍需改进。

随后，由北京电子商城制定并且组织修订的《首都电子商城电子商务规则》，在与全国人民代表大会常务委员会法制工作委员会，国务院法制局，市政府法制办以及法律改革、知识产权等行业专家参与的数次研发讨论会议上，通过与北京仲裁委员以及有关方面专家学者的反复探讨，不断修订完善，进一步得到专家肯定，认为该规则已具备可试行、可积累经验的实用意义。

《中华人民共和国电子签名法》的颁布与实施，对于中国电子商务的发展有着里程碑式的重要意义，它的颁布与实施将可以有效清除在电子商务、电子政务等领域中使用电子签名的立法障碍，使中国电子签名使用的法治环境得以有很大的提升，进而对中国信息化的发展做出了有力的促进。《中华人民共和国电子签名法》的制定共经过了三个阶段：征求意见稿、征求意见稿、最后定稿。整个起草过程也是一个逐步加深对核证新技术的认识的过程——电子签名。

2. 我国电子商务法的立法模式构想

关于电子商务的立法模式，学术界有两种观点。

一是提出在形成统一观念后，通过制定单行规则或修改传统法规，然后制定电子商务基本法律，以此来解决电子商务中产生的具体法律问题；二是提倡以《电子商务基本法》为基础，以基本法为指导。制定单行规则或修改传统法律中的每一个具体问题。

这两种立法方式都有其优缺点。首先，我国电子商务经过多年的发展，已经开始渗入到传统的商业领域，同时也产生了一些实际的法律问题，为电子商务立法指明方向；二是可以参考国际上比较成熟的电子商务立法和实践经验；三是国家颁布了一系列规范信息市场，促进信息产业发展的法规和规范，为制定《电子商务基本法》奠定了法律依据。

综上所述，在电商这一新型交易手段对传统商业产生影响的今天，全新的电商法规制度架构和原有商业规则之间必然要有一段相互协调、整合的过程，而这是必然、也是必须面临的阵痛。只有这样，才能使电商的法规进一步完善、健全，进而使电商的发展更加健康、更加持续，成为我国增强综合实力的坚实的国民经济增长点。

3. 国外电子商务立法现状

电子商务立法问题，也成为国际商务立法最近几年的另一项焦点。电商立法的中心重点，主要在电子签名、电子合同的法律效力，以及针对电子记录方面进行立法。从1995年的美国犹他州通过了《数字签名法》至今，共有几十个国家、组织和地方政府通过了与电商相关的立法，在这之中，比较有意义或有重大影响的是：1995年俄罗斯《联邦信息法》、1996年联合国贸易法委员会《电子商务示范法》和2000年《电子签名统一规则》、1997年德国《信息与通用服务法》、1998年新加坡《电子交易法》、2000年美国《国际国内商务电子签章法》等。

总体来说，电子商务立法在各国和国内都有三个共同的特征：第一，立法快。自1995年俄罗斯颁布《联邦信息法》，美国犹他州颁布了《数字签名法》，直到现在仅仅数年时间，无论是发达国家，如美国、德国，还是马来西亚等发展中国家，数十个国家和地方都颁布过与电子商务相关的法规或草案，对此反应极为迅速。特别是，联合国国际贸易法委员会在及时引导全球电子商务立法方面，起到了先驱和模范作用。这样高效的立法在全球立法史上也是少有的。第二，兼容性问题。在国际电子商务高速发展和国境逐步突破的总体态势下，任何电商立法的闭门造车都不可取，电商及相关产业的发展都会受到严重阻碍。所以，兼容性问题是世界各国在电商立法过程中考量的重点指标之一。此外，正是由于这一特性，导致了一种奇怪的情况，即在电子商务立法中，先有国际公约，再有国内法律。

贸易法会在其《电子签名统一规则指南》中表示，"电子商务固有的国家要求是建立统一的法律体系，目前各国立法地位分散可能会对其发展造成阻碍"。第三，出台的法规及时、高效地促进了电商、信息化及其关联领域的发展。

7.3.3　我国电子商务立法现状

1．与电子商务相关的法律

1999年实施的《合同法》中，新增了一项将数据电文契约视为书面契约的新规定，并对数据电文形式合同的设立日期、订立地点等问题作出了规范。2001年的《中华人民共和国著作权法》确定了著作权人对著作物拥有的信息网络传输权利，录音录像制作者对作品享有信息网络传播权，对作品的稿酬享有获取权。《中华人民共和国电子签名法》自2005年4月1日起施行，以规范电子签名行为，确立电子签名的法律效力。

2．行政法规和法规性文件

国务院制定的有关电子商务的法规和文件主要有：《中华人民共和国计算机信息网络国际联网管理暂行规定》（1996年2月1日颁布；1997年5月20日修正）；《互联网信息服务管理办法》（2000年9月25日公布）；《计算机软件保护条例》（2001年1月1日起施行）；《互联网上网服务营业场所管理规定》（2002年11月15日起施行）等多部法律法规。

3．部门规章、行业规范和相关文件

国务院所属各部门都制定了大量的涉及电子商务的管理办法、细则、规定、通告、通知等，从行业管理或综合管理的需要出发。如《中国公用计算机国际互联网管理办法》（原邮电部1996年4月3日颁布）；《国际互联网计算机信息网络安全保护管理办法》（公安部1997年12月16日发布）；《电子认证服务管理办法》（2005年2月8日信息产业部发布，2005年4月1日起施行）；《电子支付业务办理指南（第

1号）》（中国人民银行自2005年10月26日起执行）；《电子银行业务管理办法》（2005年11月10日中国银行业监督管理委员会公告）。

4．地方性法规

各地也纷纷出台了一些地方法规和规章，依据本省市电子商务的发展状况。例如广东出台的《电子交易规定》、上海出台的《上海市数字认证管理办法》、海南省出台的《海南省数字证书认证管理试行办法》、江西省出台的《江西省互联网上经营主体登记备案办法》等。

同时，中国还签署了《联合国国际合同公约》，将有利于中国的电子商务与国际电子商务的法律接轨，更加方便国际贸易往来。

而这些立法仅仅对电商在某一方面做出了规定，没有对电商发展做出规定的整个立法框架。而这种各自为政的立法模式，对电商的发展显然是不利的。构建科学合理的电商立法系统，首先需要对《电子商务法》所调整的法律对象加以明确，而立法原则也应当遵循这些内容。

7.3.4 我国的电子商务法律体系

电子商务法律体系建设分为三个方面：信息流规范化、资金流规范化、物流规范化。其中，规范信息流是立法重点。

1．对信息流的规范

这部分涉及保护电子合同、保护安全认证、保护隐私、保护知识产权。

由贸法会起草的《电子商务示范法》已获得了国际社会的普遍认同，中国电子商务合同立法系统将以此为蓝本，在已形成的中国电子商务合同立法系统基础上，根据中国合同法中与数据电文相关的五个条件，展开新立法。虽然《合同法》对要约与承诺均有明确指出，但从保障消费者的角度来看，既需要对经营者加以必要的制约，同时也需要充分考虑到电商贸易的特点。

我们应该从欧盟的远程销售指令中吸取教训。其约定，用户可以在接受经营者的产品之日起和与其签署协议之日起七日内与经营者解约，但无权对理由进行其他说明。对于电子商务协议的格式选择，联合国《电子商务示范法》规定的功能等同法是一种选择，这一原则在我国合同法中也被采纳。

电子代理人一直是个受到广泛关注的社会问题。电子代理人，是指一种在没有审查或无人操纵的情形下，可以自主地作出、响应电子记录的计算机程序、电子化或其他自动化方式，并且部分或整体地履行合同的商业行为。电子代理人虽然不具备合法身份，是一个高度智能的交易手段，也可以实现人的意思，但是电子代理人完全是专门为人设计的，体现编制人的意图，所以通过电子代理人与自然人直接交换而订立的合同，其法律效力是一样的。电子代理人与自然人、法人作为代理人应当具有同等的法律效力，但立法则是要在除外责任方面有特殊规定，考虑到电子代理人的特殊性。

电商立法中涉及的问题应该主要是电商的保障问题。各国电商立法对这一问题尤为关注。欧盟还发布了一项指令，要求在欧盟范围内就电子签名问题建立一个共同的法律框架。

美国从犹他州的《数字签名法》开始，针对电子商务制定相关法律的州已达44个，最多的法律名称是"电子签名法"和"数字签名法"。关于数字签名，电子签名所产生的法律效果首先必须得到认可。汉堡规则第14条、贸法会电子商务示范法、美国和欧盟部分国家的立法均对电子签名的法律效力予以认可。

在中国的电子商务立法不能游离于国际社会的监管之外，这是国际社会的共同要求，对电子商务的监管更不能缺位。因为数字签名是法律问题和技术问题，如果要从法律上承认电子签名的效力，那么在选择电子签名的技术上是否需要加以约束就是从法律的角度的问题。有学者认为，法律能够介入运作数字签名，应仅限于加以规范如何将数字签名的应用以透明、合理、自制的方式，对数字签名规范的形成引导。

新加坡在此问题上的经验，值得我们学习和借鉴。新加坡在这一问题上采取了折中的方法，一是在技术上保持中立，规定了电子签名的一般效力，在任何技术基础上都适用于电子签名；二是规定了专门的所谓的Safety Electronics签名，并建立了配套的认证机制。电子签名主要是用来保证数据电文本身的安全性不被否定，也不被篡改，所以从技术手段上它是一种保障。之所以必须依法建立电子认证，是因为解决不了交易关系的信用安全保障问题，也就是不能解决保证交易人真实可靠的数字签名问题。认证机构的设置问题、法律责任问题、电子证书的颁发和管理问题都是属于电子认证的核心法律的问题。官方归口管理型、私人契约约束型和行业自律管理型是被包括在电子认证在国际上的立法例中。

中国的电子商务刚刚起步，造成中国电子认证管理的混乱的原因是商务部、信息产业部、人民银行等部门已经开始或者已经建立了自己的电子认证系统。应该建立一个政府主导的电子认证管理系统。电子认证等主体法律地位的确立权威性、中立性得到保证。电子商务的信息流安全牵涉到保护隐私的问题。

电子商务保护隐私主要涉及法律保障个人数据的问题。通过立法和相应的执法手段、司法程序，使个人资料免受采集、储存、处理、传递、利用不当等环节的违法违规操作，人员受到法律保护的一种法律制度就是所谓的个人资料的法律保护。

关于个人资料保护的立法模式，一是采用了扩大化的解释传统法规，另一则是建立了保障个人资料的专门法规。有些欧美发达国家，如英、法、德等均建立了专门的个人数据保护条例。在中国目前还无法出台专业的个人数据保护法规的情形下，个人数据保护方面的专门立法部门有必要参与到电子商务立法当中，以抑制商家对个人数据权利的侵害。因此电子商务领域的立法也应当更加注重合理收集信息、合理利用信息、约束个人信息收集主体等内容。

知识产权保护在电子商务中一直是很重要的。而知识产权在电子商务中的维护工作主要包括了版权保护和知识产权维护两个领域。中国的《中华人民共和商标法》和《中华人民反不正当竞争法》，对于涉及电商的中间知识产权保护问题方面，都能够取得相当的支持作用。从目前的分析结论而言，中间商标权问题在电商中主要牵扯到对域名的保护方面。

保留域名也可以适用《反不正当竞争法》，对与域名相关的法律关系做出调整，也就没有必要再出台新的法律规定。针对电子商务中的版权保护问题，在最高人民法院发布的《关于审理涉及计算机网络著作权纠纷案件适用法律若干问题的解释》中，对互联网中知识产权的保护对象、互联网服务提供者、网站与信息内容服务提供者之间的侵权责任关系等问题进行了规范，这对版权保护问题在电子商务中也发挥了积极影响。

在电子商务中的新型版权法律关系，司法解释并未做出规定。外界普遍认为，在网络环境下已经成为全球公认的著作权保护体系中最重要的权利——网络传播权、技术措施的法律保护和数据库的特殊权利保护这三个方面，我国在网络传播权、技术措施和数据库法律保护等方面还缺乏全方位的规定。

这也应该是中国版权保护立法在我国电子商务中的重点。中国法律对技术措施的保障也包括了技术保护措施的有效性问题。如何做才是最有效的技术保护措施呢？从欧盟的标准中可资借鉴，若用户为了访问某一作者或邻接权客体，需要先执行某一访问代码或程式（包括解密该作品或邻接权客体、解码或转换形式），就可以在所有权人许可的情形下实施，这一类技术保护措施也当然可以被看作有效保护措施。关于数据库的法律保障，首先数据库受到法律承认保护，核心问题在于数据库受到法律的保护是怎样的。在笔者看来，只要是具有原创性的信息库，都是有法律保障的。

电子商务中的知识产权保护，包括生产、使用、销售其专利产品，或采用其专利方式生产并使用、销售的产品；外形设计专利，包括为生产经营等目的而生产、销售其外观设计专利产品或者向他人进口其设计专利产品，或者因上述所述用途而进口其专利方法，所直接获得的、未经专利权人许可的产品。

它与中国的知识产权保护法并没有任何不一致的地方。我们认为，电商立法中并不需要提出关于知识产权保护的特定规定，而对于电商发展中新产生的可专利领域，就能够在专利法制定中进行具体规定。这些新产生的可专利领域主要有：电脑软件、通信协议、编码技术、数据压缩、电子商务分销技术等。

2. 对资金流的规范

电子货币的本质是一系列数据信息，是与传统货币功能相当的数据货币，由网络银行发行的可用于网络电子支付的数据货币。电子商务的发展，同样会使支付模式出现极大的改变。网络商务所要求的快速和便捷，必然要求网络支付的便捷和快速。随着电子商务的进一步发展，电子货币和法律上的规范的产生已经不可避免。发行主体和管理机构是电子货币的主要法律关系问题。要建立全国统一的货币电子化管理机构，首选中国人民银行。

中国人民银行专门负责制定电子货币技术标准，之后，就要对各大银行进行授权，让它们自主进行发行。到2005年，利用新一代电子货币方式进行买卖活动支付的金额将达到1260亿美元。电子支付的法律问题涉及非互联网环境下的网络支付、电子支付等问题。非互联网环境下的电子支付，主要包括此前在商业领域即已大量使用的电子支付方式，如信用卡业务、电子汇兑和电子转账等。

而电子支付在互联网环境下的规范运行，就需要通过电商立法的方式，对此予以保障。我国的电子资金划拨法是借鉴联合国《电子资金划拨法》和《国际贷记划拨示范法》制定的。在电子资金划拨法中，主要就银行与客户的法律关系调整、银行与电子交换所的法律关系、银行与数据通信网络系统的法律关系、客户与客户之间的法律关系等订立法律准绳。

对于电子支付而言，一般有三种方式，分别是：电子支票，它充分依据了纸质支票支付优点，并且通过网络传输的方式，从某一账户中，将钱转到其他账户；基于信用卡系统的资金流转；电子现金，它通过数据形式进行流通，购买力等同于现金。

3．对物流的规范

新型物流出现在电子商务发展中，即电子物流是传统物流法律规范解决不了的问题。电子物流主要涉及以数据方式在网上传输的货物或服务。这部分物流的法律规范要充分适应电商的发展规律，建立相应的条款。

笔者认为，这些条款主要应包括产品或服务、瑕疵担保、售后服务等方面的质量问题。传统的产品质量法、消费者权益保护法等都可以借鉴。

7.3.5 中国电子商务法律环境相关周边问题

1．创造促进电子商务发展的良好宏观环境、规范市场竞争方面

在电子商务管理方面，目前主要采取的措施包括：充分发挥政府对市场的调控和监管职能，在国务院统一领导下，各部门和各级政府从税收、投融资、支付、认证、知识产权、海关、安全、对外贸易和经营、消费者保护等几个方面，明确分工，协调一致，加强协作，对电子商务实行全方位、有效性、透明化管理，进一步改善电商发展的宏观环境，市场竞争得到规范。

积极推进国有企业信息化进程，充分利用电子商务等现代信息技术和经营方式对传统产业进行改造，逐步在国有大中型企业建立信息网络工程，引导其发展电子商务，成为集生产、制造、研发、营销、决策于一体的企业。

开展电子商务示范项目，有选择地开展领域、区域的电子商务试点，通过试点，以相对宽松的政策，给予试点企业一定的优惠，并总结经验。

利用政府信息化的推广，积极提升政府引导力度，使其工作效率得到有效提升，使相关的工作更加公开透明，推动政府与社会沟通交流。发展政企间电子商

务，推动企业通过推行网上政府采购等方式参与电子商务。

这方面的法律法规包括：《合同法》《中华人民共和国标准化法》《商用密码管理条例》和国家工商行政管理局关于网络广告经营登记试点的公告等。

2. 电子商务的金融、税务环境

对此，目前采取的主要措施有：进行电商认证制度的构建，制定审批和管理电子商务认证机构的办法等。加快推进金融领域信息化建设，为满足电子商务发展需要，提供现代化、安全的网上支付结算手段。为广大消费者开发方便快捷的支付工具和支付网关，实现客户与银行之间、银行与银行之间的资金结算，逐步建立与新型支付工具和结算方式相适应的标准规范和法律法规。

在税收方面，虽然目前的税收制度可以基本覆盖目前存在的各种电子商务活动，不过，电商与传统商务的特点有很大的区别，对于一些特殊形式的电子商务而言，适用税法的一致性、征管的有效性等方面都会存在一定的难度，从而导致税收流失的可能性增大。

为此，我们一方面会对所有应税的电子商务活动按照现行税法进行征税，另一方面也在对现行税收制度进行必要的修改和补充，使电子商务的课税既能够明确、公开，又能够让纳税人知晓，使我国的税收利益得到保护。另外，税收政策能够鼓励电子商务的正常增长。针对传统公司，如果要进行电商活动，会考虑采取适当的税收政策予以扶持。

这方面的法律法规包括：《金融机构计算机信息系统安全保护工作暂行规定》和税务总局关于明确电子出版物属于软件征税范围的公告等。

3. 电子商务基础设施建设方面

目前采取的主要措施包括：积极推进电商基建工作，提高服务水平，推动计算机网络、通信网络、广播电视网络一体化和信息资源共享，引导电商信息基建方面的投资活动，进一步提高我国电子商务信息基础设施的技术水平和应用水平。鼓励自主知识产权软件和技术在电子商务领域的开发和应用，在电子商务领域尽快引导企业掌握关键技术，鼓励企业在此基础上实现创新。

这方面的法律法规包括：《电信服务标准》《中华人民共和国电信条例》《电信网间互联管理暂行规定》《电信网码号资源管理暂行办法》等。

4. 维护网络安全方面

目前采取的主要措施包括：电子商务中各类信息网络和计算机系统通过安全认证、技术保障、法律制裁和行业自律等手段，提高安全性和稳定性；自主研发电子商务安防系统，信息审核系统，防攻击，杀毒等安防技术及产品；健全法制机制，下大力气打击电商中的一系列违法活动。

建立完善的系统、管理和使用制度，落实电子商务运行安全管理措施，将信息系统保护规定有效落实下去；加强对系统管理、经营人员的安全技术培训和使用电子商务人员的安全防范意识培训。

这方面的法律法规包括：

《维护互联网安全的决定》《计算机信息网络国际联网安全保护管理办法》《计算机信息系统安全专用产品检测和销售许可证管理办法》《计算机病毒防治管理办法》《计算机信息系统国际联网保密管理规定》《计算机信息系统保密管理暂行规定》

5. 其他（技术标准、隐私权保护、宣传教育等方面）

目前的主要措施包括：完善通信协议、网络安全和网络支付等方面的标准建设，在加强企业认证、实验室认可、质量体系认证等方面与国际接轨。

对消费者个人资料、交易记录等信息的合法使用、安全性、授权使用等方面，根据电子交易的特点，做出具体的要求和规定，使消费者的隐私权和其他合法权益得到有效保护。

加大对电子商务普及应用的宣传力度，引导人们正确认识电子商务的发展和我国电子商务发展的阶段性，以扩大市场需求为目的，培养企业的电子商务应用意识和市民的电子商务消费意识，加强诚信体系建设。在高校中，按照当前的发展需求，针对性地设置相应的电商课程，重点培养电子商务复合型人才。

加强国际合作，从国际管理和规范的角度，充分在技术、管理、应用、法律和标准等各个方面与国际先进水平接轨，营造优质环境，助推电商的发展。

这方面的法律法规主要分散在各个有关法律法规中。

7.3.6 中国电子商务法律环境发展趋势

1. 加入WTO对中国电子商务法律环境的影响

对于WTO而言，在市场经济基础上，需要相关成员达到贸易自由化的要求。这对于我国各行各业开展国际电子商务贸易的工作带来了严峻的挑战。我国加入WTO后，按照相关的电信服务协议因为我国还是发展中国家，可以逐步进行开放，对于一些起步行业等可以进行有效的保护，由此进一步促进不同行业的成长壮大，为打造竞争优势创造有利条件。

同时，在进入WTO后，国内电信业同样要不断地开放，也可以引入其他国家的知名电信、网络运营相关的企业，使它们可以参与到国内的电信基建中，由此，可以使国内骨干网络、接入网等方面的建设进一步提速，使国内的带宽、端口数量都有显著的提升，可以使网络运营水平有更加显著的提升，有效减少资费，由此可以获得大量的网络用户，进一步促进电商的发展，从根本上改变该领域的基础环境。国际上一些知名的ISP、ICP都会在中国落地，这将推动中国电商的进一步发展。

加入WTO有着重要的意义，对国内电商税收环境、安全保障等不同方面，同样有了更高标准。同时，还要进一步完善法制环境，根据贸易自由化的要求，针对性地设置相应的产业保障机制，针对性的构建健全的反倾销、反补贴法，并且要不断地完善自身的进口保障机制，出台一系列更加透明的贸易政策。

为了尽快增强我国电商的竞争力，就要对相关的技术规程、标准进行完善，并且要打造更加公开的评审程序，提升知识产权保护的力度，并且要进一步放宽各种限制，通过争议解决机制，处理相关的问题，有效促进相关工作的顺利开展。

2. 中国电子商务法律环境的逐步完善

我国一直在不断完善相应法律法规，以更好适应更多新兴电商业务模式、支付手段等各个方面的市场竞争。为了进行电商市场秩序的构建，使其更加公平，从国家到各个地方政府均出台了有利于地方电商有序发展的法律法规。政府在完善电子商务法律环境的工作开展中，相继修订了《中华人民共和国商标法》《中华人民共和国公司法》等法规、制定CA认证细则、进一步完善电子支付管理规章等，这些法律法规的出台，在很大程度上推动了国内电商的进步，使整个电商环境变得更好。

第四节 电子商务中的法律问题

7.4.1 电子商务合同的法律条例

伴随市场经济的高速发展，我国的电商经济发展势头也是非常迅猛，作为新兴的业务模式，要想取得稳定高速的发展，我国对于电子商务合同订立方面也做了相应的立法要求。在《中华人民共和国电子商务法》的第三章中国家对于电子商务合同的订立与履行做了以下法律条文的明确规定。

第四十七条 电子商务当事人订立和履行合同，适用本章和《中华人民共和国民法总则》《中华人民共和国合同法》《中华人民共和国电子签名法》等法律的规定。

第四十八条 电子商务当事人使用自动信息系统订立或者履行合同的行为对使用该系统的当事人具有法律效力。

在电子商务中推定当事人具有相应的民事行为能力。但是，有相反证据足以推翻的除外。

第四十九条 电子商务经营者发布的商品或者服务信息符合要约条件的，用户选择该商品或者服务并提交订单成功，合同成立。当事人另有约定的，从其约定。

电子商务经营者不得以格式条款等方式约定消费者支付价款后合同不成立；格式条款等含有该内容的，其内容无效。

第五十条 电子商务经营者应当清晰、全面、明确地告知用户订立合同的步骤、注意事项、下载方法等事项，并保证用户能够便利、完整地阅览和下载。

电子商务经营者应当保证用户在提交订单前可以更正输入错误。

第五十一条 合同标的为交付商品并采用快递物流方式交付的，收货人签收时间为交付时间。合同标的为提供服务的，生成的电子凭证或者实物凭证中载明的时间为交付时间；前述凭证没有载明时间或者载明时间与实际提供服务时间不一致的，实际提供服务的时间为交付时间。

合同标的为采用在线传输方式交付的，合同标的进入对方当事人指定的特定系统并且能够检索识别的时间为交付时间。

合同当事人对交付方式、交付时间另有约定的，从其约定。

第五十二条　电子商务当事人可以约定采用快递物流方式交付商品。

快递物流服务提供者为电子商务提供快递物流服务，应当遵守法律、行政法规，并应当符合承诺的服务规范和时限。快递物流服务提供者在交付商品时，应当提示收货人当面查验；交由他人代收的，应当经收货人同意。

快递物流服务提供者应当按照规定使用环保包装材料，实现包装材料的减量化和再利用。

快递物流服务提供者在提供快递物流服务的同时，可以接受电子商务经营者的委托提供代收货款服务。

第五十三条　电子商务当事人可以约定采用电子支付方式支付价款。

电子支付服务提供者为电子商务提供电子支付服务，应当遵守国家规定，告知用户电子支付服务的功能、使用方法、注意事项、相关风险和收费标准等事项，不得附加不合理交易条件。电子支付服务提供者应当确保电子支付指令的完整性、一致性、可跟踪稽核和不可篡改。

电子支付服务提供者应当向用户免费提供对账服务以及最近三年的交易记录。

第五十四条　电子支付服务提供者提供电子支付服务不符合国家有关支付安全管理要求，造成用户损失的，应当承担赔偿责任。

第五十五条　用户在发出支付指令前，应当核对支付指令所包含的金额、收款人等完整信息。

支付指令发生错误的，电子支付服务提供者应当及时查找原因，并采取相关措施予以纠正。造成用户损失的，电子支付服务提供者应当承担赔偿责任，但能够证明支付错误非自身原因造成的除外。

第五十六条　电子支付服务提供者完成电子支付后，应当及时准确地向用户提供符合约定方式的确认支付的信息。

第五十七条　用户应当妥善保管交易密码、电子签名数据等安全工具。用户发现安全工具遗失、被盗用或者未经授权的支付的，应当及时通知电子支付服务提供者。未经授权的支付造成的损失，由电子支付服务提供者承担；电子支付服务提供者能够证明未经授权的支付是因用户的过错造成的，不承担责任。

电子支付服务提供者发现支付指令未经授权，或者收到用户支付指令未经授权的通知时，应当立即采取措施防止损失扩大。电子支付服务提供者未及时采取措施导致损失扩大的，对损失扩大部分承担责任。

7.4.2 电子签名法律法规

1. 电子签名的立法

2004年8月28日，第十届全国人民代表大会常务委员会第十一次会议通过了《中华人民共和国电子签名法》（2015年4月24日第一次修正；2019年4月23日第十三届全国人民代表大会常务委员会第十次会议第二次修正），在法律领域，对电子签名的效力进行了确认，认为它与签名、盖章的效力是一样的，由此也进一步明确了电子认证市场准入制度。在该法中，分为五章36条。

2. 电子签名的法律效力

我国《电子签字法》第13条规定：与表7-6中标准相符的电子签名，可以被看作是可靠的。

表7-6　电子签名有效性条件

条件一	电子签名制作数据用于电子签名时，属于电子签名者的专有
条件二	签名时的电子签名制作数据只由电子签名人员掌握
条件三	签字后对电子签名的任何改动均可查到
条件四	签署后可以发现数据电文内容和形式的任何变化能够被发表

同时，《电子签字法》第14条规定："可靠的电子签名与手写签名或盖章具有同等的法律效力。"

7.4.3 电子商务中支付的法律问题

随着电子商务的发展，电子支付结算方式安全性可靠性的考量问题日渐突出。对于银行而言，在开展电子支付期间，要保证相关的业务足够安全，对这一过程中涉及的认证数据、客户资料等内容也要予以保护。对于其中的重要数据，也应该使其具有不可否认性，还要验证客户身份真实性，并且要完整的保存相关的数据。

一定要在法律允许的范围内通过支付业务处理系统开展工作开展，并且要得到客户的确认、授权。在《电子商务法中》，针对电子支付安全控制方面的内容，主要包括这样几点：

1. 电子支付结算系统的安全性

对于银行而言，要对电子支付方面的风险进行合理的评估，在风险管控方面，要针对性地创设相应的制度。相关的信息安全、业务、技术方面的标准一定要与国内法规相符，由此针对性的处理电子支付业务。对于个人客户，在处理支付业务过程中，就要用到一系列更加稳定、可靠的安全认证措施，这样才能更好地开展相关业务。

2. 电子支付结算的金额控制

对于银行而言，要始终秉持着审慎性原则，在进行电子支付过程中，要更加科学的做出相应的限制。在进行电子支付业务办理过程中，对于单位客户而言，如果要将其款项由银行结算账户转到个人账户，单笔金额一般要在5万元以内，不过，如果银行、客户之间已经有事先协议，并且还准备了付款依据的情况，则要按照约定的形式进行。个人用户的银行电子商务付款应遵循以下要求，单笔金额低于1000元，每日累计低于5000元。

3. 电子支付结算的客户信息安全

对于银行而言，要根据法规要求，并且在得到授权的情况下，才能开展电子支付结算的业务。在开展电子支付期间，要保证相关的业务系统足够安全，对这一过程中涉及的认证数据、客户资料等内容也要予以保护。对于其中的重要数据，也应该使其具有不可否认性，还要验证客户身份真实性，并且要完整的保存相关的数据。在通过支付业务处理系统开展工作期间，一定要在法律允许的范围内开展，并且要得到客户的确认、授权。如果法律中没有进行特殊规定，银行不能将客户信息提供给各方进行查询。

对于银行而言，要将电子支付交易记录充分保存好。在出现差错的情况下，就要将其记录在案。如果因为银行没有有效进行保管、使用，致使出现篡改客户信息的情况，银行应该承担相应的法律责任，并且要通过科学的方式，进行处理，假设已经导致出现了损失，就要引导客户更好地进行补救。

4. 电子支付交易数据的完整性、可靠性和保密性

《电子支付指引（第一号）》第二十九条规定，银行应采取必要措施保护电子支付交易数据的完整性和可靠性。电子支付交易可靠性规定如表7-7所示。

表7-7　电子支付交易可靠性规定

规定一	在得到授权之后，才能访问相应的交易数据
规定二	电子支付交易数据须以安全方式保存，并防止其在公共、私人或内部网络上传输时被擅自查看或非法截取
规定三	有效防止电子支付交易数据在传送、处理、存储、使用和修改过程中被篡改，任何对电子支付交易数据的篡改能通过交易处理、监测和数据记录功能被侦测
规定四	按照会计档案管理的要求，对电子支付交易数据，以纸介质或磁性介质的方式进行妥善保存，保存期限为5年，并方便调阅

《电子商务法》第五十四条规定电子支付服务提供者提供电子支付服务不符合国家有关支付安全管理要求，造成用户损失的，应当承担赔偿责任。

电子支付交易数据的保密《电子支付指引（第一号）》第三十条规定，银行应采取必要措施为电子支付交易数据保密，如表7-8所示。

表7-8　电子支付交易数据保密性规定

规定一	对电子支付交易数据的访问须经合理授权和确认
规定二	电子支付交易数据须以安全方式保存，并防止其在公共、私人或内部网络上传输时被擅自查看或非法截取
规定三	第三方获取电子支付交易数据必须符合有关法律法规的规定以及银行关于数据使用和保护的标准与控制制度
规定四	对电子支付交易数据的访问均须登记，并确保该登记不被篡改

7.4.4 知识产权的法律保护问题

1. 域名的法律保护问题

《中国互联网络域名管理办法》由中国信息产业部于2002年3月14日推出，并于9月30日起执行。在《中国互联网络域名管理办法》中，明确规定了相关的内容：CNNIC工作委员会，作为日常办事机构，负责中国顶级域名CN的管理和运营。域名注册按照"先申请、先注册"的原则进行受理，域名预留部分不予受理。

2. 商标的法律保护问题

商标分为两类，一类是商品商标，一类是服务商标。

商标权包括商标使用权和商标禁止权。

"隐形商标侵权"是电子商务中存在的一大问题。例如某网主在自己网页的源代码中埋藏了他人的商标。网页链接是通过超文本标记语言将处于不同服务器的文件链接起来，能够有效地实现信息共享，方便读者的查询。但链接不同服务器上的文件，设置链接者（埋置者）很可能对被链接的商标以及其他信息不享有任何权利，这就造成对被链接者商标权的侵害。

3. 网络作品著作权的法律保护问题

只要是符合著作权法规定要求的网络作品，网络著作权的法律保护仍应当适用著作权法的规定。网络作品的作者和传统作品的作者一样，对自己的作品享有专有权。网络作品的作者可以授权将其作品在其选定的地点和时间向公众传播，没有经过著作权人的许可，任何人不得使用其作品，包括将其作品上网公开发表和上网传播等。

7.4.5 消费者权益保护问题

1. 消费者权益保护法

随着电子商务的快速发展，人们越来越多地利用网络进行消费，网络购物在给人们带来便捷服务的同时，也增加了消费者权益受到损害的概率。

当前，消费者权益受到侵害的现象在网络广告、即时交易流程、网络隐私等方面最为严重。主要表现在：损害了网络消费者的知情权，损害了网络消费者的安全保障权利，损害了网络消费者的隐私权，难以依法实现消费者的退换货和请求权。

2. 消费者权益保护的主要法律问题

（1）消费者知情权：对于起购买产品、获得服务的具体状况，消费者有权获知。

（2）消费者的公平交易权：消费者获得的商品和服务与其交付的货币价值相当。

（3）消费者的安全权：消费者遇到的安全问题主要体现在人身安全、财产安全、隐私安全等三个方面，尤其是隐私安全权。

（4）消费者的损害赔偿权：是消费者在网上进行交易或使用商品和服务后，当其人身或财产受损时享有的一种救济权。

7.4.6 电子商务不正当竞争的法律问题

传统行业中不正当竞争，迁移至电商，因为电商的一些特殊性，使不正当竞争越演越烈。

1. 混淆

厂方进行经营期间，得到了一定的经营优势，不正当地将他人的标志用于自己的商品或所经营服务的标志上，使其产品与他人产品出现一定的混淆，从中牟取不正当利益的行为。主要表现为：将网站名选用他人的商标；网站标志类似于他人的标志；域名基本上非常类似；对他人的网页进行抄袭、模仿，让用户难以辨别真假。

2. 虚假宣传

由于网络的开放性与独特性，相对于传统模式，电商在业务的开展中更容易对自身进行的虚假宣传，形式和手段均呈现更为多样化的特征。电子商务宣传中经常运用的视频、论坛问答、知识分享、电子邮箱等新型形式，均有可能被经营者用于进行不实宣传，影响更加广泛。

3. 侵犯商业秘密

在电商中，该侵权活动有这样几种表现形式：电商公司员工通过自身的一系列优势，通过非法的手段，得到相关公司的商业秘密；"黑客"对竞争方进行非法入侵，以获取对方的相关数据、信息等。

4. 商业诋毁

在电商中，该侵权活动有这样几种表现形式：通过网络上的广告，诋毁对方的一些商业活动；通过论坛，针对性地开展一系列诋毁活动；通过网络匿名的方式，对他人进行造谣。在应用网络过程中，信息传播区域比较大，也比较快捷，同时还比较隐蔽，往往难以发现。与过去的一些商业模式相比较可以看到，商业诋毁可能会导致比较严重的后果，会给他人造成非常大的损失。

5. 网店刷信誉

"刷信誉"俗称"刷单"，"刷信誉"一般有两种方式，一是商家找所谓的消费者进行"刷单"。卖家买快递单号，其收件人和寄件人与实际的买家、卖家不一致；二是快递公司发空包，但快递公司并未完成配送，而帮助商家完成平台上的物流信息。卖家通过刷信誉，提高自己的信用等级，这种虚假的交易方式。消费者很容易掉进卖家的消费陷阱，这种欺诈行为同样有消费欺诈的嫌疑。

7.4.7 税收法律问题

由于办公场所电子商务不受限制，交易有虚拟性成分等特殊原因，使税收管辖权面临挑战。同时，电子商务方式对税收的传统概念和理论产生了巨大的冲击，如纳税主体、客体、纳税环节等。所以涉及电子商务的税收法律肯定要做相应的修改以满足实际需要。

1. 建立健全电子商务的税收征管法律法规制度

在电商体系中，对电商文档格式、操作流程进行有效规范，同时要进行交易轨迹的构建，使其更加规范的进行操作，可以产生良好的法律效力。利用立法的方式，我国进一步明确了电子签名的效力。

通过立法的形式，对财务软件的应用进行了有效规范，利用设计相应的数据处理原则，可以更加有效的监控公司的财务活动。在有需要的情况下，进一步增强税务机关通过法定的接口调用企业账务数据的能力，对公司账务的相关内容进行进一步规范，使其法律责任更加明确。

在电商税收征管中，税务机关发挥着重要的作用，是其中的主体单位，要利用立法的方式，进一步明确对相关单位的信息访问权，使其有能力可以得到所需的信息。

2. 建立完善网络税务认证平台系统

根据电子商务的业务特征，进行征管制度、体系的构建。由此，就能充分保证网络税收征管功能得以有效达成。按照当前发展的要求，针对性地开展网络税务认证中心的构建，由此就能在适当的时间，通过在线的方式，有效核查相关的涉税活动，这样就不会出现盲目进行税收征管的情况。

3. 推行电子发票制度

所谓电子发票，其实就是说，纸质发票电子记录。一般来说，通过网络开展相应的电商活动，如果选择电子发票，就能有效地促进整个电商领域的良好发展。

同时对于税收征管而言，也带来了很多监管和税务征收的便利。对于纳税人而言，通过在线的方式，就能将发票的领购、开具、传递顺利完成，还能够根据自身的情况，进行在线申报、缴费；而对于税务机关而言，通过在线的方式，也可以随时监控公司的经营态势，使过去的征收滞后性、被动性成为历史。电子发票必须经过税务机关的报备才能在交易双方传递，科学使用、规范填报、不得随意改动可以避免不正当的发票使用行为，能够有效地规范电子商务市场的发票和税收。

4. 完善监控支付手段的技术

电子商务由于在线上开展，容易滋生违法乱纪的行为，对于电商交易双方而言，需要通过认证、支付平台的确认，完成认证之后，才能进行款项的支付。电子商务与常规交易不同，平台会将所有交易数据有效的保留下来。只要在法律授权的情况下，通过相关平台，税务机关就能获取所需的相关数据，由此针对性地开展资金稽查。

电商物流是有由具备法律资质的专业性快递公司完成，快递公司应该依据相应的规定，利用网络，追踪产品的踪迹。这点也可以运用到电商税务稽查上。利用网络，税务机关就能对货物流向进行细致的查询，进一步规范各方面的税务缴纳行为。

5. 优化电子商务税收的征管模式

电子商务税收的征管模式一直处于不断的变革发展阶段。税务机关要与其他部门进行有效的协调、联动，针对性地进行信息共享，构建完善的一体化信息系统，使护税协税体系更加规范、完善。对于信息数据的调用和税务缴纳的结算原则，我国还需要进一步的配套相应的法律法规，由此才能与电商的发展相适应。

6. 建立反避税机制和监管机构

新的商业模式的兴起，必定会带来新的问题和监管漏洞。电商领域的企业或者经营者存在比较多的税务监管问题，也属于电商发展过程中必然经历的一个环节。我国需要通过构建监管机制，这样就能对电商中的避税问题进行有效的应对。无论是国内的电商经营，还是跨国的电商贸易，我们都需要加快法律和监管机制的建设，希望可以构建完善的跨地区、国界联系制度，这样才能更好的对偷逃避税活动进行有力地打击。

考证知识点指引

鉴定范围	知识点	中级电子商务师	高级电子商务师
电子商务立法概述	电商买卖双方的法律关系	√	√
	电子商务立法的作用	√	√
	电子商务立法的指导思想	√	√
	国外电子商务立法状况	√	√
	《中华人民共和国电子商务法》实施时间及主要内容	√	√
电子商务安全	电子商务安全的重要性	√	√
	电子商务安全的内容	√	√
	网络安全威胁的来源	√	√
	网络安全管理的技术手段	√	√
	电子商务交易的安全要求	√	√
	电商交易安全管理的方法	√	√
	电子商务安全制度	√	√
防火墙	防火墙的概念	√	√
	防火墙的作用与局限	√	√
	防火墙的分类	√	√
	防火墙的管理		√
病毒木马防治知识	计算机病毒的概念	√	√
	计算机病毒的工作原理		√
	计算机病毒的传播路径	√	√
	计算机木马的概念	√	√
	计算机木马的工作原理		√
	计算机木马的传播途径	√	√

（续表）

鉴定范围	知识点	中级电子商务师	高级电子商务师
病毒木马防治知识	计算机病毒木马防范的原则	√	√
	常用的安全工具和资源	√	√
网上贸易安全	网上银行常用安全手段	√	√
	网上银行安全交易的方法	√	√
	第三支付安全	√	√
	网上贸易防骗方法	√	√
安全认证	密码的概念		√
	密码安全的要素		√
	密码泄露的途径		√
	数字签名		√
	数字证书		√
	认证中心（CA）		√

本章实训

　　以小组为实训单位，对电子商务目前存在安全性风险进行分析，并初步给出解决建议。